SEGmente

Herausgeber: Frank Meurer
Thomas Mitschke
Jürgen Schreiber

Band 8

Der Betreuungsplatz

Jens Pesch
Wilfried Rheinfelder

3., überarbeitete Auflage

S+K

Verlagsgesellschaft Stumpf & Kossendey mbH, Edewecht 2023

Anmerkungen des Verlags

Die Herausgeber, die Autoren und der Verlag haben höchste Sorgfalt hinsichtlich der Angaben von Richtlinien und Empfehlungen aufgewendet. Für versehentliche falsche Angaben übernehmen sie keine Haftung. Da die gesetzlichen Bestimmungen und wissenschaftlich begründeten Empfehlungen einer ständigen Veränderung unterworfen sind, ist der Benutzer aufgefordert, die aktuell gültigen Richtlinien anhand der Literatur und der Fachinformationen zu überprüfen und sich entsprechend zu verhalten.
Die Angaben von Handelsnamen, Warenbezeichnungen etc. ohne die besondere Kennzeichnung ®/™/© bedeuten keinesfalls, dass diese im Sinne des Gesetzgebers als frei anzusehen wären und entsprechend benutzt werden könnten.
Der Text und/oder das Literaturverzeichnis enthalten Links zu externen Webseiten Dritter, auf deren Inhalt der Verlag keinen Einfluss hat. Deshalb kann er für diese fremden Inhalte auch keine Gewähr übernehmen. Für die Inhalte der verlinkten Seiten ist stets der jeweilige Anbieter oder Betreiber der Seite verantwortlich.
Aus Gründen der Lesbarkeit ist in diesem Buch meist die männliche Sprachform gewählt worden. Alle personenbezogenen Aussagen gelten jedoch stets für Personen beliebigen Geschlechts gleichermaßen.

Bibliografische Information der Deutschen Nationalbibliothek

Die Deutsche Nationalbibliothek verzeichnet diese Publikation in der Deutschen Nationalbibliografie; detaillierte bibliografische Daten sind im Internet über http://dnb.dnb.de abrufbar.

Umschlagfoto: E. Hansen, Alsdorf
Satz: Jens Pesch, Zülpich
Druck: Tolek Sp. z o.o., 43–190 Mikołów (Polen)

Inhalt

Abkürzungen

AGBF NRW	Arbeitsgemeinschaft der Leiter der Berufsfeuerwehren in Nordrhein-Westfalen
AFKzV	Ausschuss Feuerwehrangelegenheiten, Katastrophenschutz und zivile Verteidigung
ASB	Arbeiter-Samariter-Bund
BBK	Bundesamt für Bevölkerungshilfe und Katastrophenschutz
BHP	Behandlungsplatz
BHP-B	Behandlungsplatz-Bereitschaft
Bt	Betreuung
BtDi	Betreuungsdienst
BtGr	Betreuungsgruppe
BTP	Betreuungsplatz
BTP-B	Betreuungsplatz-Bereitschaft
BtSt	Betreuungsstelle
BtTr	Betreuungstrupp
BZ	Betreuungszug
DIN	Deutsche Industrie-Norm, Verbandszeichen des Deutschen Instituts für Normung e. V.
DLRG	Deutsche Lebens-Rettungs-Gesellschaft
DRK	Deutsches Rotes Kreuz
DV 100	Dienstvorschrift 100
EALtr	Einsatzabschnittsleiter
EE	Einsatzeinheit
ELtr	Einsatzleiter
EN	Europäische Norm(-ung)
Erk	Erkundung
ErkK-BTP	Erkundungskiste Betreuungsplatz
ETB	Einsatztagebuch
FKH	Feldkochherd
FSHG	Gesetz über den Feuerschutz und die Hilfeleistung (NRW)
FüGr	Führungsgruppe
FwDV 100	Feuerwehr-Dienstvorschrift 100
GG	Grundgesetz
GrFü	Gruppenführer
h	Stunde(n)

HACCP	Hazard Analysis and Critical Control Points
HiOrg	Hilfsorganisation
HVB	Hauptverwaltungsbeamter
IfSG	Infektionsschutzgesetz
ISO	International Organization for Standardization/ Internationale Organisation für Normung
JUH	Johanniter Unfallhilfe
KatS	Katastrophenschutz
KRITIS	Kritische Infrastrukturen
LMHV	Lebensmittelhygiene-Verordnung
LS	Luftschutz
MHD	Malteser Hilfsdienst
MTW	Mannschaftstransportwagen
OBG	Ordnungsbehördengesetz
PA	Patientenablage
PASt	Personenauskunftsstelle
PSNV	Psychosoziale Notfallversorgung
PSU	Psychosoziale Unterstützung
SGB	Sozialgesetzbuch
SKK	Ständige Konferenz für Katastrophenvorsorge und Bevölkerungsschutz, vormals: Ständige Konferenz für Katastrophenvorsorge und Katastrophenschutz
SOP	Standard Operating Procedures
STAN	Stärke- und Ausrüstungsnachweis
TH / THL	Technische Hilfeleistung
THW	Technisches Hilfswerk
TrFü	Truppführer
VFü	Verbandsführer
ZFü	Zugführer
ZSG	Zivilschutzgesetz (alter Begriff)
ZSKG	Zivilschutz- und Katastrophenhilfegesetz (Begriff seit 02.04.2009)

Vorwort

Seit Anfang der 90er-Jahre des vorigen Jahrhunderts und dem Wegfall des Ost-West-Konflikts hat in Deutschland eine Umstrukturierung des Zivil- und Katastrophenschutzes stattgefunden. Hiervon war auch der Betreuungsdienst betroffen. Nachdem der Bund seine bisher über Dienstvorschriften und Stärke- und Ausstattungsnachweisungen gesetzten Strukturvorgaben aufgegeben hatte, wurden in den Bundesländern unterschiedliche Einsatzformationen des Betreuungsdienstes neu etabliert. Es entstanden Schnell-Einsatz-Gruppen Betreuung, fachdienstreine Betreuungszüge bis hin zu an das Konzept der multifunktionalen DRK-Einsatzeinheit angelehnte Formationen wie die „Einsatzeinheit NRW". Von Fachverbänden wurden verschiedene Konzepte für die Einsatzvorbereitung und Durchführung von Betreuungseinsätzen sowie auch für die Einrichtung von Notunterkünften, Betreuungsstellen oder Betreuungsplätzen verfasst. Als eines der ersten Konzepte sind hier die „Planungsgrundlagen zur Dimensionierung des Betreuungsdienstes" der AGBF NRW aus dem Jahr 2000 zu nennen. Beim Deutschen Roten Kreuz wurde die Dienstvorschrift 600 „Der Betreuungseinsatz" etabliert. In Nordrhein-Westfalen ist ein Konzept für eine „Betreuungsplatz-Bereitschaft 500" vereinbart worden, das in den Jahren 2012 und 2013 evaluiert, überarbeitet und im Juli 2013 als Bestandteil eines Landeskonzepts der überörtlichen Hilfe NRW „Sanitätsdienst und Betreuungsdienst" eingeführt wurde.

In diesem überarbeiteten Konzept des Landes NRW finden sich einige der in der Erstausgabe von SEGmente 8 „Der Betreuungsplatz" beschriebenen Überlegungen zur Ausstattung und zur einsatztaktischen Vorgehensweise bei der Erkundung von Liegenschaften wieder. Diese Vorgaben reichen jedoch nach Ansicht der Verfasser für eine effektive

Einsatzvorbereitung und die Einsatzstellenorganisation in einem betreuungsdienstlichen Einsatz nicht aus. So wie bei den Feuerwehren und dem Rettungsdienst mehr und mehr üblich und seit Langem in Form der „Standard Operating Procedures (SOP)" aus den USA bekannt, ist es notwendig, den Einsatz- und Führungskräften im Betreuungsdienst eine organisatorische Handlungsempfehlung für ein bestimmtes standardisiertes Verhalten an der Einsatzstelle „an die Hand" zu geben. Die Verantwortlichen in den Kommunen und Gefahrenabwehrbehörden benötigen Hintergrundinformationen und praxisorientierte Hilfen für Vorplanung, Auswahl und Erkundung eines Betreuungsplatzes.

Mit dem vorliegenden SEGmente-Band soll ein auf langjähriger Praxis und Erfahrung von Führungskräften basierender Vorschlag für eine einheitliche Vorgehensweise bei Auswahl, Erkundung, Einrichtung und Betrieb eines Betreuungsplatzes verbreitet werden. Hierbei werden auch Einsatzerfahrungen aus dem Betrieb von Versorgungsplätzen für Einsatzkräfte anlässlich des Hochwassereinsatzes Elbe 2013 sowie dem Aufbau und Betrieb von Notunterkünften im Rahmen der Flüchtlingsnothilfe 2015 einbezogen. Weiterhin werden die Erfahrungen aus dem Hochwassereinsatz Eifel 2021 aufgenommen, wo die dringende Notwendigkeit der Fortbildung von Einsatzkräften in die pflegeunterstützenden Erstmaßnahmen hervorzuheben ist. Die Autoren folgen dabei dem zentralen Grundsatz des Vordenkers im Bereich der SOP, Alan V. Brunacini vom Phoenix Fire Department: „Einsätze sind eher gleich als verschieden!"

Die beiden Autoren haben den Prozess der Neuausrichtung des Betreuungsdienstes in den zurückliegenden Jahren sowohl beim Deutschen Roten Kreuz, als Einsatzplaner einer Kommune als auch in den Arbeitsgruppen im Land NRW begleitet. Die Idee zur Erstellung der Erstausgabe dieses SEGmente-Bandes entstand im Jahr 2008. Machbarkeit und erste Ansätze zur Umsetzung wurden seinerzeit mit unserem langjährigen Wegbegleiter Hanno Peter besprochen. Leider war es ihm nicht mehr vergönnt, die Fertigstellung und Herausgabe des Bandes zu erleben: Hanno Peter starb nach langer, schwerer Krankheit im Januar 2009. Wir verstehen diesen SEGmente-Band auch zum Andenken an diesen Freund und Fürsprecher der Belange der Hilfsorganisationen und des Katastrophenschutzes.

Düsseldorf, im Oktober 2022

Jens Pesch
Wilfried Rheinfelder

1 Einleitung

1.1 Historischer Hintergrund

In Mitteleuropa lässt sich der organisierte Betreuungsdienst zur Versorgung der Bevölkerung nach Katastrophen oder größeren Schadensereignissen bis ins 19. Jahrhundert zurückverfolgen. Als Beispiele können der Betrieb von Suppenanstalten und Volksküchen und die Ausgabe von ca. 3 Millionen Portionen Essen in Ostpreußen im Winter des Jahres 1867 nach einer Typhusepidemie, die mit Missernten einherging, dienen. Ein weiteres Beispiel ist die Ausgabe von ca. 200 t Lebensmitteln nach Missernten und Überschwemmungen in Oberschlesien im Jahr 1879. Auch der Bau von Unterkünften nach einem Erdbeben 1908 in Messina und Kalabrien gehört zu den hier beispielhaft zu nennenden Maßnahmen des Betreuungsdienstes. Während des Zweiten Weltkrieges (1939 – 1945) erfolgte eine organisierte erste Betreuung der von Bombenschäden betroffenen Bevölkerung durch den Betrieb von Auffangstellen, die Ausgabe von Verpflegung, Bekleidung etc. und durch Ausstattung und Betrieb von Feldhäusern, Verpflegungseinrichtungen sowie Wasch- und Toilettenanlagen in Bereitschaftslazaretten. Zu nennen sind auch Verpflegungsmaßnahmen für Flüchtlinge und das Einrichten und Führen von Notunterkünften sowie Wohnlagern mit Verpflegung und Betreuung der Bewohner.

1952/1953 stieg die Zahl der Flüchtlinge, die aus der Deutschen Demokratischen Republik (DDR) nach Berlin oder in das Gebiet der Bundesrepublik Deutschland kamen, dramatisch an. Beim Deutschen Roten Kreuz (DRK) wurden 1953 insgesamt 321.390 Flüchtlinge registriert, 300.000 davon allein in Berlin. Dort wurden auf dem Höchststand der Flüchtlingsbewegung im Juli 1953 insgesamt 53 Lager mit einer Kapazität von annähernd 29.000 Plätzen betrieben. Auch in den Folgejahren wurden organisierte Betreuungsmaßnahmen in erheblichem Umfang durchgeführt. Neben der Flüchtlingsbetreuung waren die Hochwasserkatastrophe 1954 in Bayern, der Ungarn-Aufstand 1956, die Flutkatastrophe an der Nordsee 1962 und Überschwemmungen in Ostwestfalen 1965 weitere Anlässe für eine organisierte Betreuung.

Aus diesen langjährigen Erfahrungen entwickelten sich Regeln z. B. für die Gliederung des Betreuungseinsatzes in verschiedene Phasen, für Art, Umfang und Grenzen von Betreuungsmaßnahmen und Ähnliches. Diese Regeln haben auch heute noch Bestand.

In den Jahren 1954 und 1955 fanden im Rahmen der „Arbeitsgemeinschaft Luftschutzbetreuungsdienst" Beratungen der Spitzenverbände der Freien Wohlfahrtspflege zum Aufbau des Luftschutzbetreuungsdienstes statt. Dieses Aufgabenfeld wurde der Wohlfahrtsarbeit zugeordnet. Die Beratungen fanden später ihren Niederschlag u. a. in den Regelungen zum Luftschutzhilfsdienst.

Nach dem „Ersten Gesetz über Maßnahmen zum Schutz der Zivilbevölkerung" vom 16. Oktober 1957 gliederte sich der zivile Bevölkerungsschutz in die Selbsthilfe der Bevölkerung und in die öffentlichen Maßnahmen des zivilen Bevölkerungsschutzes. Diese Maßnahmen umfassten u. a. den örtlichen und überörtlichen Luftschutzhilfsdienst. Der Luftschutzhilfsdienst (LSHD) gliederte sich in acht Fachdienste, darunter den Luftschutz-Betreuungsdienst, den Luftschutz-Lenkungsdienst und den Sozialdienst. Die Aufgabe des LS-Betreuungsdienstes war es, bei allen Maßnahmen sozialer Betreuung mitzuwirken, wie z. B. bei der Unterbringung Obdachloser, bei der Ausgabe von Verpflegung, Bekleidung usw. Der LS-Lenkungs- und Sozialdienst sollte bei der Durchführung von Verlegungsmaßnahmen sowie bei der Flüchtlingslenkung tätig werden. Innerhalb des DRK war dieses Aufgabengebiet Bestandteil des Sozialdienstes (heute Sozialarbeit genannt), der im Katastrophenfall in den vorgenannten Fachdiensten Arbeits- und Einsatzfelder fand.

In der Folgezeit kam es zur Trennung des LS-Lenkungs- und Sozialdienstes aufgrund sich ändernder gesetzlicher Grundlagen und Rahmenbedingungen für den Katastrophenschutz und die Sozialarbeit, der zunehmenden Spezialisierung und innerhalb der Sozialarbeit wegen der Verlagerung von Aufgaben in den hauptamtlichen Bereich. Heute gibt es kaum noch Einsatzkräfte, die ihren täglichen Dienst in einem Aufgabenfeld der Sozialarbeit versehen und gleichzeitig einer Einheit des Betreuungsdienstes angehören.

Mit dem „Gesetz über die Erweiterung des Katastrophenschutzes" wurden 1968 der LS-Betreuungsdienst und der LS-Lenkungs- und Sozialdienst zum Betreuungsdienst zusammengefasst. Im Bereich des Zivil- und Katastrophenschutzes wurde er bis zur Auflösung des Ost-West-Konflikts und des Eisernen Vorhangs Ende der 80er-Jahre des vorigen Jahrhunderts als verteidigungsrelevant eingestuft. Die geringe Anzahl von Einsätzen des Betreuungsdienstes führte dazu, dass sein Stellenwert im Laufe der Jahre schwand. Dies wirkte sich auch auf die Vorsorgemaßnahmen der Bundesländer aus, die dem Betreuungsdienst oft nur geringe Förderungen zukommen ließen.

Einsatzvorbereitungen öffentlicher Stellen wie auch der beteiligten Hilfsorganisationen, z. B. STAN-Ausstattung, Materialbevorratung oder Absprachen mit Lieferfirmen, wurden zum Teil drastisch reduziert. Ein klassischer Betreuungszug des erweiterten Katastrophenschutzes war mit seiner Ausstattung nicht mehr in der Lage, unmittelbar die dringendsten Maßnahmen zu ergreifen. Er benötigt hierzu die Zuführung von Decken, Bekleidung, Lebensmitteln und Einrichtungsgegenständen wie z. B. Feldbetten.

Eine weitere große Bewährungsprobe nach den Aktivitäten in den 1950er-Jahren hat der Betreuungsdienst bei der Aufnahme der DDR-Flüchtlinge und -Übersiedler sowie der -Aussiedler seit der zweiten Jahreshälfte 1989 bestanden. Seitdem werden Hilfsorganisationen immer wieder zur Einrichtung und zum Betrieb von Notunterkünften herangezogen, so u. a. 2015 und 2022.

Die veränderte sicherheitspolitische Lage in Europa führte ab 1991 auf Bundesebene zu einer grundlegenden Neuordnung des Zivilschutzes, insbesondere des erweiterten Katastrophenschutzes. Der Bund gab seine Strukturvorgaben auf und stellte lediglich eine begrenzte Auswahl an Einsatzfahrzeugen und Mitteln zu deren Betrieb zur Verfügung und überließ es den Ländern, seine Komponenten sinnvoll in die eigenen Gefahrenabwehrstrukturen einzugliedern. Vor diesem Hintergrund wie auch in Anbetracht des steigenden Gefahrenpotenzials im täglichen Leben mit Auswirkungen auf die Bevölkerung, den Hochwassern an Elbe, Oder und Donau und nicht zuletzt nach den Ereignissen vom 11. September 2001 wurden vermehrt Länder und Kommunen wieder in diesem Bereich aktiv.

1.2 Konzept Betreuungsplatz-Bereitschaft 500 in NRW

Die neuen politischen und gesetzlichen Rahmenbedingungen im Bereich des Katastrophenschutzes bzw. der Gefahrenabwehr und die gewandelten Anforderungen, die sich aus Schadensereignissen ergeben können, wie sie in einer modernen Industriegesellschaft und einer globalisierten Welt möglich sind, machten neue Antworten der Gefahrenabwehrbehörden erforderlich. Mit der Entwicklung und Verwirklichung des Konzepts der Einsatzeinheiten und den darauf aufbauenden Einsatzformationen (Verbände) für eine überörtliche und landesweite Hilfe hat das Innenministerium des Bundeslandes Nordrhein-Westfalen flächendeckend ein einheitliches Hilfeleistungssystem im Bereich des Sanitäts- und Betreuungsdienstes aufgebaut.

In Nordrhein-Westfalen wurde nach ersten Gesprächen in den Jahren 1995/1996 damit begonnen, das bisherige Katastrophenschutzgesetz des Landes zu überarbeiten und die noch erforderlichen Vorschriften in ein neues „Gesetz über den Feuerschutz und die Hilfeleistung (FSHG)“ einzufügen. Der Neukonzeption der Abwehr von Großschadensereignissen entsprechend, wurde der bisherige landeseigene Katastrophenschutz aufgelöst und in enger Abstimmung mit den Landesverbänden der Hilfsorganisationen das Modell der „Einsatzeinheit NRW“ entwickelt. Ziel war es, die vom Bund weiterhin zur Verfügung gestellte Ergänzung sinnvoll mit dem Potenzial des Landes, der kommunalen Aufgabenträger und der Hilfsorganisationen zu verbinden. Unter diesen Vorgaben wurde mit den Landesverbänden der freiwilligen Hilfsorganisationen die Aufstellung von ursprünglich 288 Einsatzeinheiten (Stärke: 2/7/24/33) vereinbart, die bei Schadensereignissen jeder Größenordnung und abgestimmt auf die bereits bestehenden Strukturen des Rettungsdienstes und der Feuerwehren schnell und flexibel in der Lage sind, den betroffenen Menschen gezielt zu helfen. Die direkte zeitliche Anbindung der Sanitätsgruppe der Einsatzeinheit an den Rettungsdienst sowie die zeitnahe Einbindung der Betreuungsgruppe in die Hilfeleistung schloss die bis dahin vielerorts noch vorhandene Lücke zwischen Rettungsdienst und Katastrophenschutz. Dabei unterstützen sich je nach Schadenslage Sanitäts- und Betreuungsgruppe gegenseitig bei der Aufgabenerfüllung. Technisch ausgebildetes Fachpersonal mit entsprechender Ausstattung ergänzt und unterstützt die Sanitäts- und Betreuungsgruppe bei ihren Aufgaben (Technik und Sicherheit).

Die Einsatzeinheit NRW kann sowohl als komplette Einheit als auch in Fachgruppen eingesetzt werden. Bei Bedarf und je nach Aufgabenstellung ist das Konzept auch dazu geeignet, mehrere Fachgruppen zu Zügen unter einheitlicher Füh-

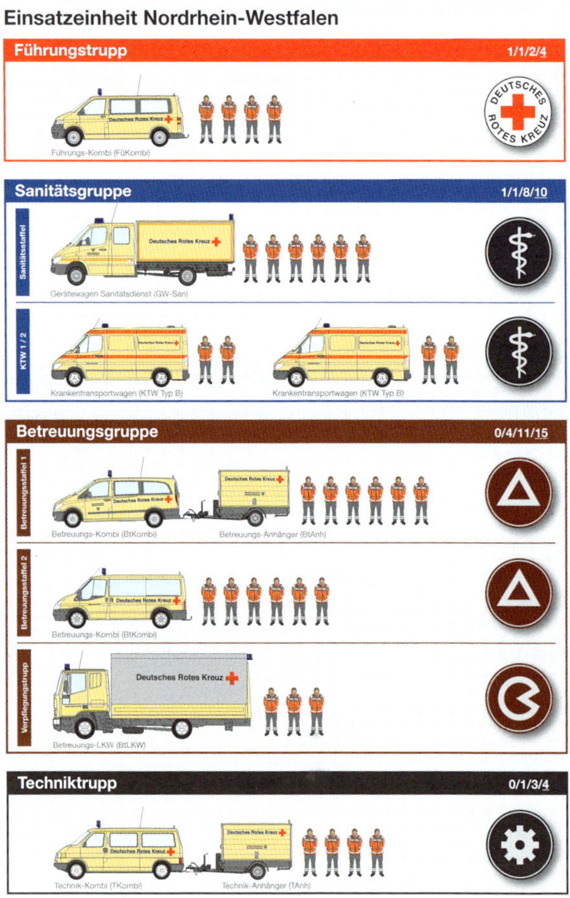

Abb. 1 ▶ Gliederungsbild der „Einsatzeinheit NRW“

rung zusammenzufassen (s. Abb. 1). In einem Migrationsprozess wurde die Anzahl der Einsatzeinheiten NRW im Jahr 2012 auf insgesamt 241 Einheiten reduziert. In der aktuellen Landeskonzeption des Katastrophenschutzes in Nordrhein-Westfalen ist die Einsatzeinheit (EE) sowohl für die lokale Einsatzplanung der Kreise und kreisfreien Städte als auch als Basiseinheit der Planungen zur überörtlichen Hilfe vorgesehen. Durch eine EE NRW können bis zu 250 unverletzte Betroffene in einer Anlaufstelle erstbetreut und im weiteren Einsatzverlauf in einer Betreuungseinrichtung untergebracht und verpflegt werden. Für größere Betreuungslagen, insbesondere im Rahmen der überörtlichen Hilfe, reicht diese Kapazität jedoch vermutlich nicht aus.

In den Jahren 2005 bis 2006 wurden im Vorfeld des Weltjugendtages und des Papstbesuchs in Köln sowie der Fußballweltmeisterschaft durch Erlasse und Empfehlungen des Innenministeriums Nordrhein-Westfalen Konzepte für landesweite Einsatzformationen der überörtlichen Hilfe entwickelt. In fast allen Kreisen und kreisfreien Städten wurden gleichartig strukturierte Behandlungs- und Betreuungsplätze sowie Patiententransportzüge unter Einbeziehung der o. g. Einsatzeinheiten aufgestellt, teilweise unterstützt mit Investitionsmaßnahmen des Landes (u. a. Beschaffung von Abrollbehältern MANV, Gerätewagen Sanitätsdienst, Anhänger Betreuung).

In den Jahren 2012 und 2013 wurde dieses Konzept von einer Arbeitsgruppe aus Vertretern der im Katastrophenschutz mitwirkenden Fachverbände und Organisationen unter Federführung des Innenministeriums Nordrhein-Westfalen evaluiert und überarbeitet. Im Zuge eines Erlasses wurde im Juli 2013 ein Landeskonzept der überörtlichen Hilfe NRW „Sanitätsdienst und Betreuungsdienst“ eingeführt, das als integralen Bestandteil die Einheit „Betreuungsplatz-Bereitschaft 500 NRW“ beschreibt.

5/17/50/72	„Betreuungsplatz-Bereitschaft 500 NRW“ (BTP-B 500 NRW)	
Führung 1/3/2/6	 ELW 1  KdoW (Vorauskdo.)	1 VFü, 2 FüAss, 1 FüG 1 FüAss, 1 FüG
Führungstrupp Betreuung 1/1/2/4	 FüKombi	1 ZFü, 1 GrFü, 2 Helfer
Registrierung und Information 0/1/5/6	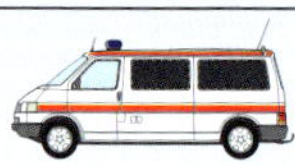 BtKombi 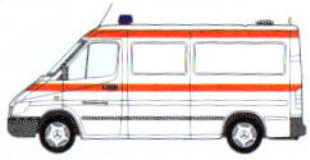 KTW	1 TrFü, 3 Helfer 1 RettSan, 1 RettHe
Soziale Betreuung 0/6/27/33	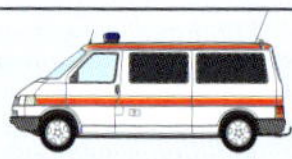 Bt Kombi  Bt Kombi + BtAnh.  Bt Kombi + BtAnh.  GW-San 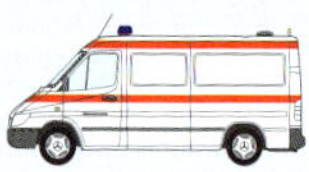 KTW 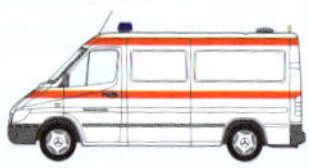 KTW	2 GrFü, 4 TrFü 1 RettSan 11 RettHe 15 Helfer

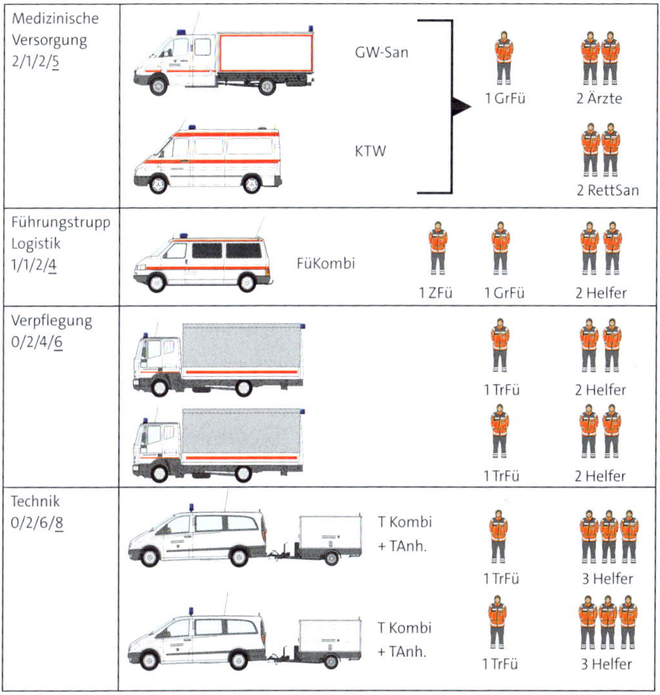

Abb. 2 ▶ Beispiel für Fahrzeuge und Personal einer „Betreuungsplatz-Bereitschaft 500 NRW“ (BTP-B 500 NRW; nach Landeskonzept NRW 2013)

Die Betreuungsplatz-Bereitschaft 500 NRW (BTP-B 500 NRW) ist ein autarker betreuungsdienstlicher Verband in Bereitschaftsstärke, dessen Aufgabe es ist, im Rahmen der überörtlichen Hilfe am Schadensort einen Betreuungsplatz einzurichten, ihn zu betreiben und eine geordnete Betreuung für eine größere Anzahl unverletzt betroffener Personen über einen längeren Zeitraum sicherzustellen. Zudem ist eine begrenzte sanitätsdienstliche Versorgung leicht verletzter Personen innerhalb des Betreuungsplatzes möglich. Ihr Einsatz kann sowohl vorgeplant als auch spontan aufgrund eines plötzlichen Betreuungsbedarfs, der durch einen Unglücksfall oder eine andere Schadenslage verursacht wird, erfolgen. Sie besteht aus zwei Einsatzeinheiten NRW sowie einer zusätzlichen Führungsstaffel. Die BTP-B 500 NRW kann bis zu 500 Betroffene betreuen, verpflegen und unterbringen, wenn in der Vorplanung eine entsprechend geeignete Liegenschaft bestimmt wurde. Der Betreuungsauftrag einschließlich der Psychosozialen Notfallversorgung (PSNV) steht deutlich im Vordergrund. Allerdings kann es sich bei einer entsprechend großen Anzahl von Personen im Laufe des Einsatzes ergeben, dass Personen medizinischer Hilfe bedürfen. Es ist also der Einsatz von Kräften des Sanitätsdienstes gefordert, der durch die Sanitätsgruppen der Einsatzeinheiten vertreten ist, die in den Betreuungsplatz integriert sind. Der modulare Aufbau aus zwei Einsatzeinheiten und einer Verbandsführung lässt es zu, dass eine BTP-B 500 nicht nur von einer Hilfsorganisation gestellt wird, sondern dass sie auch aus Modulen verschiedener Organisationen gebildet werden kann. Aus der praktischen Anwendung des Landeskonzepts NRW wurden Einsatzregeln für die Erkundung, die Einrichtung und den Betrieb eines Betreuungsplatzes entwickelt. Diese lassen sich objektivieren und in allgemeingültige Handlungsanweisungen für Betreuungsplätze unterschiedlicher Größenordnung umsetzen. Die Handlungsanweisungen werden in den nachfolgenden Kapiteln vorgestellt. Sie sind organisationsübergreifend und unter Nutzung der bundesweit unterschiedlich etablierten Einsatzformationen anwendbar.

Zusätzlich sollen – basierend auf Erfahrungen aus dem Einsatz Elbehochwasser 2013 – Aspekte der Nutzung der Struktur eines Betreuungsplatzes als Versorgungsplatz für Einsatzkräfte vorgestellt werden. Ebenfalls vorgestellt wird der Aufbau und Betrieb von Notunterkünften im Rahmen der Flüchtlingsnothilfe 2015.

1.3 Umsetzung in den Gebietskörperschaften / Kommunen

Die Realisierung eines Betreuungsplatzkonzepts setzt eine enge Kooperation zwischen den zuständigen Verwaltungsbehörden und den operativ tätigen Hilfsorganisationen voraus. Beispielsweise müssen durch die örtlich zuständige Gebietskörperschaft geeignet erscheinende Liegenschaften (z. B. Schulen, Mehrzweckhallen) mit entsprechender Infrastruktur (insbesondere Strom und Wasser) benannt werden. Die Eignung der Gebäude und des Umfelds für einen Betreuungseinsatz kann hingegen nur von den ausgebildeten Fachkräften der Hilfsorganisationen beurteilt werden. Bereits bei dieser Erkundung sollten planerische Festlegungen für die Einsatzdurchführung (z. B. Anfahrtsweg, Absperrungen, Zuordnung der Räume zu Funktionsbereichen, Einrichtungspläne) getroffen werden. Darüber hinaus vereinfachen Absprachen mit externen Lieferanten, Ordnungsbehörden, der Polizei und weiteren Einsatzunterstützern wie THW, Feuerwehr und Kirchen die anlassbezogene Einsatzabwicklung deutlich. Als Ergebnis wird am Ende ein zwischen allen Beteiligten abgestimmter Alarm- und Einsatzplan stehen, der Bestandteil der behördlichen Gefahrenabwehrplanung wird.

2 Schadenslagen und Betroffene

In diesem Kapitel werden die Szenarien beschrieben, die zu Betreuungseinsätzen führen können. Auf besondere Personengruppen, die von einem Schadensereignis betroffenen sein können, und die primären Bedürfnisse der Betroffenen wird ausführlich eingegangen.

2.1 Typische Schadensszenarien

Nach heutigem Verständnis von der Hilfeleistung bei Schadensereignissen (Unfälle, Großschadensereignisse und Katastrophen) werden neben Verletzten und Erkrankten auch unverletzte Betroffene als Opfer wahrgenommen. Die Notwendigkeit, auch physisch unverletzten Menschen organisierte Hilfe zukommen zu lassen, wird von Hilfsorganisationen und Behörden zunehmend erkannt und berücksichtigt.

Neben den klassischen, im Vorfeld schon erkannten Betreuungslagen entstehen auch viele Schadensereignisse, bei denen zwar vordringlich Verletzte versorgt werden müssen, bei denen aber bei genauerem Hinsehen ein betreuungsdienstliches Szenario mit einer zunächst nicht beachteten Anzahl von unverletzten Betroffenen zu erkennen ist. Eine schnellere Hilfe für die Unverletzten wäre hier möglich, wenn der betreuungsdienstliche Bedarf bereits bei der Notrufabfrage und der qualifizierten ersten Rückmeldung der ersteintreffenden Kräfte festgestellt würde.

Dies verdeutlicht das Beispiel eines verunglückten Reisebusses mit zwei Toten, zehn Verletzten und 20 Unverletzten. Die ersten Maßnahmen galten der technischen Rettung und Sicherungsmaßnahmen durch Feuerwehr und THW sowie der Verletztenversorgung durch den Rettungsdienst und die sanitätsdienstlichen Schnell-Einsatz-Gruppen. Später wurden die „übrig gebliebenen“ Unverletzten betreut, obwohl ihre Anzahl deutlich höher war als die der Verletzten. Dies lässt sich durchaus sinnvoll begründen mit der Notwendigkeit, Verletzten vorrangig Hilfe zukommen zu lassen. Es macht aber ebenso deutlich, dass ausreichende Ressourcen für betreuungsdienstliche Leistungen nicht zeitnah vor Ort waren.

2.1.1 Räumung

Bei Einsatzlagen im Betreuungsdienst wird zunächst unterschieden in (Personen-)Räumung, Evakuierung und Flucht. Dies gilt sowohl für Mischlagen mit Betroffenen und Verletzten als auch für reine Betreuungslagen. Als *(Personen-) Räumung* wird das ungeplante und kurzfristige bzw. sofortige Verlassen eines Gebietes bei akuter Gefahr bezeichnet. Darunter fallen:

- Brände im direkten Umfeld (Industrie- und Wohngebäude etc.)
- einsturzgefährdete Bauwerke (nach Erdbewegungen etc.)
- drohende Dammbrüche (bei Starkregen)
- akute Explosionsgefahr (Industrieanlagen, gelagertes Gefahrgut etc.)
- nukleare Unfälle bei Kernkraftwerken im direkten Umfeld
- biologische und chemische Gefahren in der Luft (Gasalarm etc.)
- Amokläufe und Anschläge (Bombendrohungen etc.).

2.1.2 Evakuierung

Als *Evakuierung* wird die organisierte Verlegung von Menschen aus einem akut gefährdeten Gebiet in ein sicheres Gebiet bezeichnet, ohne die Betroffenen damit einer zusätzlichen Gefährdung auszusetzen. In der neuen Umgebung werden sie vorübergehend sozial betreut, verpflegt und untergebracht. Insbesondere bei Gefahrenlagen, bei Ereignissen mit hoher Wahrscheinlichkeit des Schadeneintritts oder wenn die Ausbreitung eines Schadens nicht ausgeschlossen werden kann, wird eine Evakuierung durchgeführt. Als Beispiele seien genannt:

- Bombenentschärfungen (nach Fund bei Bauarbeiten etc.)
- Sprengungen von Bauwerken (Abrissarbeiten)
- herannahende Naturkatastrophen (Überflutungen, Waldbrände, Stürme und Orkane)
- erweiterte Schadenslagen (Industrieunfälle etc.).

Diese Unterscheidung der Einsatzanlässe spielt sowohl für die Einsatztaktik als auch für die erwarteten betreuungsdienstlichen Leistungen eine entscheidende Rolle. Auf Erkundungsschritte von Liegenschaften und die entsprechenden (vorbereitenden) Maßnahmen wird in Kapitel 4 näher eingegangen.

2.1.3 Flucht

Unterschiedliche Anlässe und Motivationen machen es Menschen oftmals unmöglich, in ihren Heimatländern zu bleiben. Es kommt zu *Flucht* oder auch *Vertreibung*, die in den Zufluchtsstaaten zu Einsätzen für den Betreuungsdienst führen können. Beispiele hierfür können sein:

- Umwelt- bzw. Klimaflüchtlinge, die aufgrund von Umweltveränderungen oder Naturkatastrophen ihre Heimat verlassen,
- Kriegsflüchtlinge, die ihre Heimat verlassen, um vor bewaffneten Konflikten zu fliehen (zwischen-

staatliche Kriegshandlungen, innerstaatliche Bürgerkriege und ähnliche militärische und paramilitärische Auseinandersetzungen, Massaker, Terroranschläge),
- Elends- und Wirtschaftsflüchtlinge, die ihr Heimatland aufgrund unüberwindbarer Armut oder fehlender Zukunftsperspektiven für sich selbst oder ihre Kinder verlassen.

2.2 Betroffene

Betroffene sind Personen, die durch eine Gefahrenlage bedroht oder durch ein Schadensereignis geschädigt wurden, ohne dadurch physisch verletzt worden zu sein. Das können Personen sein, die sich unmittelbar im Gefahrenbereich aufhalten oder aufgehalten haben, es können aber auch Personen sein, die in engem Zusammenhang zum Schadensereignis stehen. Dies wird am Beispiel eines eingestürzten Wohnhauses deutlich. Alle Bewohner, die sich zum Zeitpunkt des Schadensherganges im Haus befunden haben, sind betroffen, entweder verletzt oder unverletzt. Die Bewohner, die sich zum Zeitpunkt des Ereignisses nicht in der Nähe des Hauses aufgehalten haben, jedoch im Verlauf der Lage heimkehren, zählen ebenfalls zur Gruppe der Betroffenen. Der Betreuungsdienst kennt keine Unterscheidung zwischen leicht betroffen (die Heimkehrer) und schwer betroffen (diejenigen, die sich während des Ereignisses an der Schadensstelle befunden haben). Die psychische Belastung existiert für beide Gruppen gleichermaßen.

2.2.1 Betroffene einer Räumung

Bei einer Räumung haben die betroffenen Personen zunächst keine Wahl, für welchen Weg sie sich entscheiden. Es gilt, sofort aus dem Gefahrenbereich herausgeführt zu werden. Die Gruppe dieser Betroffenen repräsentiert i. d. R. den gesamten Bevölkerungsquerschnitt, von jung bis alt, von sozial schwach bis sozial stark, Alleinstehende sowie Familien. Erst außerhalb des Gefahrenbereichs, z. B. an einer Anlaufstelle des Betreuungsdienstes, entscheidet sich für diese Betroffenen individuell, welchen weiteren Weg sie nehmen (s. Kap. 3).

Die „Planungsgrundlagen zur Dimensionierung des Betreuungsdienstes“ (AGBF NRW 2008) gehen nach Auswertung einschlägiger Ereignisse davon aus, dass der von einem Ereignis betroffene, prozentuale Anteil an der Gesamtbevölkerung einer Kommune i. d. R. den Wert von 10 % nicht übersteigt. Die übrigen 90 % der Gesamtbevölkerung werden sich demnach außerhalb des Szenarios befinden und von dem Ereignis nicht betroffen sein.

2.2.2 Betroffene einer Evakuierung

Bei einer Evakuierung hingegen handelt es sich um eine Maßnahme mit Vorlaufzeit. Die Betroffenen haben also die Möglichkeit, sich für ihren weiteren Weg zu entscheiden. Sind sie selbstständig hinsichtlich Mobilität, Kaufkraft, sozialer bzw. familiärer Bindungen, körperlicher Gesundheit, räumlicher Orientierung etc., dann schlagen sie i. d. R. einen Weg an den strukturierten betreuungsdienstlichen Maßnahmen vorbei ein. Bei den Betroffenen, die die organisierte Betreuung in Anspruch nehmen, handelt es sich folglich häufig um Personen, die über einzelne oder mehrere der genannten Merkmale der Selbstständigkeit nicht verfügen. Die fehlende Selbstständigkeit Einzelner kann nur dann relativiert werden, wenn sie durch eine solide Nachbarschaftshilfe aufgefangen wird. Denjenigen, die keine Hilfsbereitschaft aus der Bevölkerung erfahren und sich nicht selbst helfen können, gilt im weiteren Verlauf besondere Aufmerksamkeit.

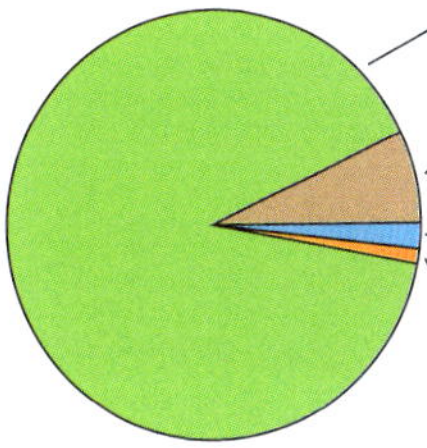

Abb. 3 ▶ Diagramm zur Erhebung des zu betreuenden Bevölkerungsanteils

Die genannten Planungsgrundlagen der AGBF NRW gehen davon aus, dass bei einer Evakuierung nur für 3 % der Bevölkerung eine behördliche Hilfe organisiert werden muss. Dabei kann es je nach örtlicher Lage der für einen Betreuungsplatz festzulegenden Liegenschaften und der Leistungsfähigkeit der zuständigen Gebietskörperschaft durchaus sinnvoll sein, auch auf Liegenschaften in unmittelbar benachbarten Gemeinden zuzugreifen. Für einen Anteil von mindestens 1 % der eigenen Bevölkerung muss jedoch die Unterkunft im eigenen Zuständigkeitsbereich organisatorisch sichergestellt sein, da sonst der Gedanke des Solidaritätsprinzips verpuffen würde. Zum Personenkreis der Evakuierten, die der Hilfe des Betreuungsdienstes bedürfen, gehören:

- alleinstehende Menschen ohne Ausweichmöglichkeit
- pflegebedürftige Menschen, die nur stundenweise durch einen Pflegedienst oder Angehörige betreut werden
- ggf. Menschen mit geringer Kaufkraft
- Menschen, die über keine Fortbewegungsmittel verfügen

- erkrankte Menschen bis hin zu desorientierten Suchtkranken
- Menschen ohne festen Wohnsitz
- ortsunkundige Menschen etc.

Dieser Personenkreis bringt weitere besondere Herausforderungen für die Durchführung betreuungsdienstlicher Maßnahmen mit sich. Zu den klassischen betreuungsdienstlichen Maßnahmen der Unterbringung, Betreuung und Verpflegung können lageabhängig erschwerend hinzukommen:

- erhöhter psychologischer Betreuungsbedarf
- Kommunikationsschwierigkeiten durch mangelnde Sprachkenntnisse
- Legasthenie Betroffener
- qualitative medizinische Versorgung, auch Pflegebedarf für Altersschwache und körperlich Behinderte
- Besonderheiten bei der Lebensmittelwahl und -zubereitung
- eine besondere Beachtung bei der Unterbringung hinsichtlich des Sozialverhaltens
- ggf. religiöse Trennung, Sauberkeit und Hygiene.

2.2.3 Betroffene einer Flucht

Flucht und Migration fanden in der Menschheitsgeschichte schon immer statt. Auch in Deutschland gab es solche Szenarien unter jeweils anderen Voraussetzungen, beispielsweise mit der Migration im und nach dem Zweiten Weltkrieg, mit der Aufnahme der vietnamesischen Boatpeople Ende der 1970er-Jahre oder der bosnischen Bürgerkriegsflüchtlinge in den 1990er-Jahren.

Seit Ende des 20. Jahrhunderts haben sich die Flüchtlingsbewegungen globalisiert. Nach Berichten des UN-Flüchtlingshilfswerks waren im Jahr 2015 fast 60 Millionen Menschen weltweit auf der Flucht.

Nachdem in Deutschland die Zahl der Asylanträge 2006 mit 30.100 Anträgen den niedrigsten Stand erreicht hatte, erreichte sie im Rahmen der Flüchtlingskrise mit 745.545 im Jahr 2016 ihren bisherigen Höchststand.

Die Flüchtlinge nehmen große Strapazen und hohe finanzielle Belastungen in Kauf und riskieren nicht selten ihr Leben. Und selbst wenn ihnen die Einreise gelingt, kommt es oft vor, dass sie nicht als asylsuchende Flüchtlinge anerkannt und zurück in ihre Heimat abgeschoben werden. Die Ungewissheit über den weiteren Verbleib zusammen mit den oftmals vorhandenen traumatischen Erfahrungen im Herkunftsland oder auf der Reise begründen häufig eine besondere Betreuungsbedürftigkeit im Sinne einer psychosozialen Versorgung. Hinzu kommen häufig Sprachbarrieren, fehlende Orientierung in einer fremden Umgebung (geografisch, kulturell, religiös u. a. m.), fehlende lokale soziale Kontakte und nicht zuletzt das Bewusstsein, dass sich das persönliche Hab und Gut auf den Inhalt eines Rucksacks oder einer Plastiktüte beschränkt.

Viele Bausteine aus der Bedürfnishierarchie nach Maslow (vgl. Abb. 11 in Kap. 5.4), die für die meisten Menschen als selbstverständlich gelten oder nur kurzzeitig bzw. vorübergehend außer Kraft gesetzt sind (z. B. bei Betroffenen von Räumung oder Evakuierung, vgl. Kap. 2.2.1 und 2.2.2), fehlen diesen Menschen völlig.

Diese unbefriedigten Grundbedürfnisse und die dadurch gegebene Schutzlosigkeit der Betroffenen verlangen von den Einsatzkräften des Betreuungsdienstes eine besondere Herangehensweise. Zusätzlich zu den Maßnahmen bei Räumung und Evakuierung können erforderlich werden:

- Einsatz von Dolmetschern oder Sprachmittlern zur Überwindung der Sprachbarrieren
- Einbindung von Vermittlern zwischen den Kulturen (Beratung der Einsatzkräfte, Aufklärung der Betroffenen)
- Anpassung der Speisepläne an Ernährungsbesonderheiten (z. B. kulturelle Speisevorschriften, halal-Zertifizierung, Vorkommen von Alkohol und Schweinefleisch in Fertiglebensmitteln)
- Angebote durch Berater (Ansprechpartner für soziale Belange)
- Betreuungsangebote zur Freizeitgestaltung.

2.2.4 Altersspezifische Verteilung unter den Betroffenen

Neben den sozialen Hintergründen der Betroffenen sind der Altersdurchschnitt und die Verteilung auf Altersgruppen von besonderer Bedeutung für die Einsatzvorbereitung und den Einsatzablauf. Ein Blick auf den Querschnitt der Gesamtbevölkerung macht eine Verschiebung der Altersgrenzen deutlich. Aufgrund sinkender Geburtenraten und steigender Lebenserwartung älterer Menschen sowie der besseren Heilungschancen bei Erkrankungen im Vergleich zu früheren Jahrzehnten hat die Gesamtbevölkerung Deutschlands laut Statistischem Bundesamt 2021 ein Durchschnittsalter von etwa 43,9 Jahren erreicht, mit leicht gesunkener Prognose ab 2020 bedingt durch die Corona-Pandemie. Gerade einmal 5 % der Bevölkerung sind in einem Alter zwischen 0 und 4 Jahren. Demgegenüber sind 11 % der Bevölkerung über 70 Jahre. Für die materielle Einsatzvorbereitung bedeutet dies insbesondere, dass für die genannte Seniorengruppe Isoliermatten und Luftmatratzen für eine altersadäquate Übernachtung nicht ausreichend sind. Es sind Feldbetten bzw. Campingliegen mit entsprechend hoher Liegefläche bis hin zu mobilen Pflegebetten notwendig. Auch geriatrische Hygieneartikel für diese Personengruppe und eine besondere Ernährung sind zu beachten.

2.2.5 Fremdsprachige und Menschen anderer Kulturkreise

In Arbeitersiedlungen der Industriestandorte und in Großstädten muss vermehrt mit einem erhöhten Anteil von Menschen ohne deutsche Sprachkenntnisse gerechnet werden. So werden laut Statistischem Bundesamt 2021 allein 13 % der Gesamtbevölkerung in Deutschland einer ausländischen Staatsangehörigkeit zugerechnet. Dies ist bei der Vorbereitung von Beschilderungen, Vordrucken, die durch Betroffene auszufüllen sind, sowie im Hinblick auf die Sprachkenntnisse der Einsatzkräfte zu berücksichtigen. Darüber hinaus bringen Menschen aus anderen Kulturkreisen häufig andere Wertvorstellungen, soziale Normen, Sitten und Gebräuche sowie eine andere Religion mit. Dies kann Auswirkungen auf Unterbringungsmaßnahmen, die Verpflegung, die medizinische Versorgung oder Betreuung haben: Beispielsweise sind ethnische Familienverbände ggf. getrennt unterzubringen, Muslime essen keine Schweineprodukte u. v. m. Auch die Fastenzeit ist bei der Verpflegungsausgabe zu berücksichtigen.

Die Helfer-Patienten-Beziehung wird oft durch Sprachbarrieren und aufgrund fehlender Kenntnisse über unterschiedliche kulturelle Hintergründe bei der Schilderung von Krankheitssymptomen beeinträchtigt. Dadurch wird eine adäquate medizinische Betreuung erschwert. Für die komplexen Kommunikationserfordernisse bei medizinischen Behandlungen reichen laienhafte Dolmetscher keineswegs aus. Ebenso ist in Betracht zu ziehen, dass die Möglichkeit für rituelle Handlungen und Gebetszeremonien ggf. einzuräumen ist.

2.2.6 Tierhalter

Betroffene, die ihre gewohnte Umgebung verlassen müssen, nehmen erfahrungsgemäß ihre Haustiere mit. In jedem dritten Haushalt werden Heimtiere gehalten (nicht berücksichtigt sind Fische und Tiere, die in Terrarien gehalten werden). Statistisch besteht die Möglichkeit, dass jeder sechste Betroffene ein Tier mitbringt. Tiere sind in Betreuungsstellen und Betreuungsplätzen nur bedingt zulässig, ggf. sogar untersagt. Die einzige Ausnahme von diesem Verbot stellen die Blindenführhunde dar, die nach § 33 SGB V rechtlich ein Hilfsmittel sind. Die Einsatzplanung muss Lösungswege für die Unterbringung und Betreuung der Tiere aufzeigen. Hier besteht Abstimmungsbedarf mit dem Veterinäramt, mit Tierheimen, Tierhaltervereinigungen sowie durchaus mit Rettungshundestaffeln, die im Umgang mit Hunden geschult sind und über entsprechende Transportkapazitäten verfügen.

2.3 Bedürfnisse von Betroffenen

Sobald eine Person zum Betroffenen eines Schadensereignisses wird, kann sie die Befriedigung gewisser Grundbedürfnisse nicht mehr selbstständig sicherstellen und erwartet eine entsprechende Bereitstellung von Leistungen durch die zuständigen Behörden und ausführenden Hilfsorganisationen. Diese Bedürfnisse sind durch das Entwicklungsmodell der Hierarchie menschlicher Bedürfnisse des US-amerikanischen Psychologen Abraham Maslow beschrieben und Ausgangspunkt für die vorrangigen Leistungen des Betreuungsdienstes. Konkret erwarten Betroffene vordringlich, ...

- strukturiert aufgefangen zu werden,
- über die weiteren geplanten Maßnahmen informiert zu werden,

- dass ihr Aufenthalt dokumentiert wird,
- an einen geschützten Ort außerhalb des Gefahrenbereichs geleitet zu werden,
- medizinisch, sozial und ggf. psychologisch betreut zu werden,
- ausreichend verpflegt zu werden sowie
- ein Angebot an Witterungsschutz und Ruhemöglichkeiten.

Diese Phase ist als *Soforthilfe* definiert und wird zunächst auf 24 Stunden nach Eintritt des Schadensereignisses begrenzt. Sollte der Einsatzverlauf diesen Zeitansatz deutlich überschreiten, erwarten Betroffene die Befriedigung weitergehender Bedürfnisse. Dazu zählen u. a.:

- angepasste Wohnverhältnisse
- bessere Reinigungs- und Hygienemöglichkeiten (Duschen und mehrere Waschplätze)
- ausgewogene Verköstigungsformen
- Wechselkleidung sowie Reinigungsmöglichkeiten für Kleidung und Wäsche
- Freizeitangebote (insbesondere für Kinder und Alleinstehende)
- Strom bzw. Lademöglichkeiten für mobile Endgeräte sowie freier Zugang zum Internet
- Unterstützung bei der Ausübung religiöser Riten und Gebräuche etc. (z. B. Durchführung von Gottesdiensten, rituelle Körperreinigungen, Einhaltung/Ermöglichung der Gebetszeiten bei Muslimen).

Für den im Weiteren beschriebenen Betreuungsplatz sind primär die vordringlichen Bedürfnisse durch die Leistungen der Soforthilfe zu befriedigen. Sollten darüber hinaus Kapazitäten an Personal, Material und Zeit bestehen, kann auf weitere Bedürfnisse im Sinne des Wohlbefindens der Betroffenen eingegangen werden. Dies kann sich positiv auf den psychischen Zustand des Einzelnen und auf das Gesamtklima innerhalb der Gruppe der Betroffenen auswirken.

3 Der Weg des Betroffenen

In diesem Kapitel wird der strukturierte Ablauf eines Betreuungseinsatzes beschrieben, der dem eigentlichen Betreuungsplatz vorgelagert sein kann. Die Kenntnis dieser u. U. vorgelagerten Aktivitäten des Betreuungsdienstes dient dem besseren Verständnis der auf dem Betreuungsplatz einsetzenden Maßnahmen.

3.1 Lageentwicklung eines Betreuungseinsatzes

Bei einer Räumung werden Betroffene ohne Vorlaufzeit aus ihrem gewohnten Lebensumfeld herausgeführt. Es werden neben Handgepäck und ein paar persönlichen Wertgegenständen i. d. R. keine weiteren Ge- und Verbrauchsgüter mitgeführt. Je nach Witterung und Tageszeit muss davon ausgegangen werden, dass die getragene Kleidung für einen längeren Aufenthalt außerhalb der Wohnung oder Arbeitsstätte unzureichend ausgelegt ist. Verordnete Medikamente werden beim spontanen Aufbruch vergessen oder es sind seit der letzten Nahrungsaufnahme mehrere Stunden vergangen und Nahrung und Getränke wurden beim Verlassen der Wohnung nicht mitgenommen. Der Betreuungsbedarf wird voraussichtlich entsprechend hoch sein und muss folgende vordringliche Leistungen bedienen:

- guten Informationsfluss über die Lageentwicklung
- medizinische Versorgung und Kontaktaufnahme mit dem Apothekennotdienst und der Arztnotrufzentrale bei Bedarf
- qualitativ hochwertige psychologische Unterstützung zur individuellen Betreuung und Beobachtung im weiteren Verlauf

- Vorhaltung von Hygieneartikeln und Reinigungsmöglichkeiten
- kurzfristige Ausgabe von Kalt-/Warmverpflegung je nach Witterung und Tageszeit
- Vorhaltung von Ersatzkleidung (z. B. Trainingsanzüge) sowie Decken für kurzfristigen Wärmeerhalt.

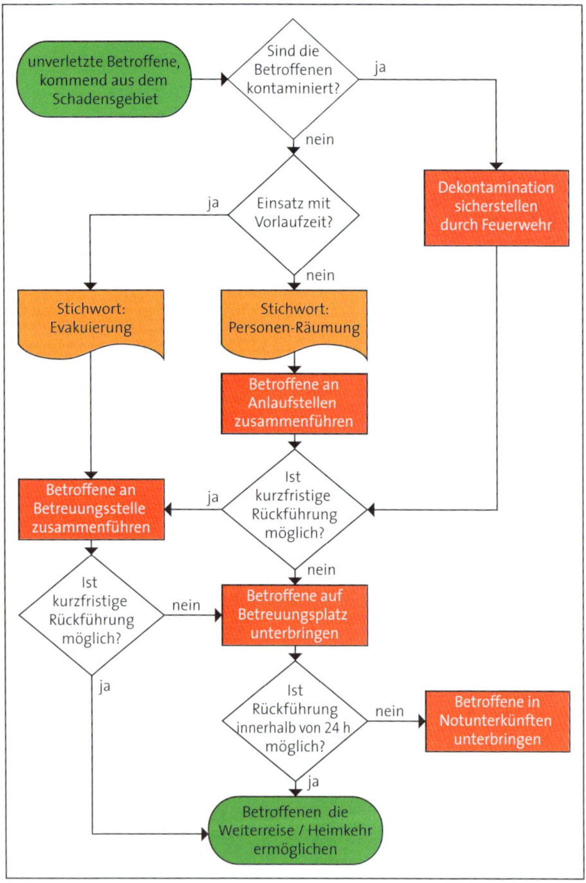

Abb. 4 ▶ Der Weg des Betroffenen zum Betreuungsplatz

Bei einer Evakuierung mit Vorlaufzeit haben die Betroffenen i. d. R. genügend Möglichkeiten, sich auf die auswärtige Unterbringung vorzubereiten. Wenn die Betroffenen vorab ausreichend informiert wurden, werden sie ihre persönlichen Hygieneartikel und Medikamente mit sich führen, der Witterung entsprechend gekleidet sein und sich mit ausreichend Speisen und Getränken versorgt haben. Folgende Leistungen wird der Betreuungsdienst in erster Linie erbringen müssen:

- eine gezielte, ruhige und unmittelbare Weiterleitung an den vorbereiteten Bestimmungsort (Betreuungsstelle oder Betreuungsplatz)
- Ausgabe von Kalt-/Warmgetränken je nach Witterung und Tageszeit
- Bereitstellung von genügend Parkmöglichkeiten für alle Betroffenen, die mit Privatfahrzeugen anfahren.

3.2 Anlaufstellen als Vorstufe zum Betreuungsplatz

Anlaufstellen sind eine oder mehrere Stellen an der Grenze des Gefahrenbereichs, an denen unverletzte Betroffene betreuungsdienstlich aufgefangen, gesichtet, informiert, ggf. registriert und organisiert in eine Einrichtung des Betreuungsdienstes weitergeleitet werden. Diese Stellen bilden sich zunächst meist spontan und unstrukturiert entsprechend den Patientenablagen. Strukturen entwickeln sich spätestens, wenn fachdienstliche Einsatzkräfte im Schadensgebiet eingetroffen sind und nach Rücksprache mit der Einsatzleitung bzw. Einsatzabschnittsleitung die geeigneten Stellen außerhalb des Gefahrenbereichs erkundet und festgelegt haben.

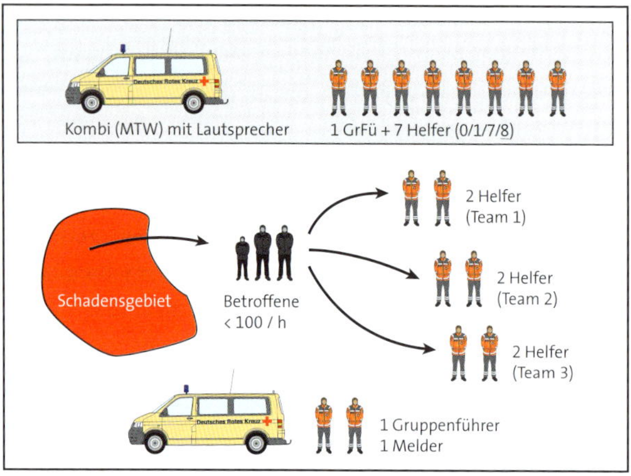

Abb. 5 ▶ Struktur einer Anlaufstelle, ausgelegt für bis zu 100 Betroffene/h

Insbesondere bei Einsatzlagen mit Verletzten und Betroffenen (Mischlagen) ist eine enge Abstimmung zwischen den rettungs- und sanitätsdienstlichen und den betreuungsdienstlichen Fachkräften notwendig. Personen, die bei der Sichtung als betroffen eingestuft wurden, können einer medizinischen Versorgung bedürfen. Ebenso besteht die Möglichkeit, dass Personen, die zunächst an der Patientenablage eintreffen, als unverletzt gesichtet werden und der Anlaufstelle zugeführt werden müssen.

Grundsätzlich gilt, dass Anlaufstellen außerhalb des Gefahrenbereichs eingerichtet werden müssen. Sie sollten jedoch so nahe am Schadensort eingerichtet werden, dass sie fußläufig und ohne Transportmittel erreichbar sind und wenig Personal zur Lenkung der Betroffenen binden. Je nach Ausdehnung des Schadensgebietes, dem zur Verfügung stehenden Raum und der Anzahl der Betroffenen sind mehrere Anlaufstellen denkbar. Vordringliche Leistungen, die an der Anlaufstelle erbracht werden, sind:

- das Kenntlichmachen der Anlaufstelle für Hilfesuchende
- das Auffangen der Betroffenen
- das Informieren über die weiteren Maßnahmen
- das Erkennen der Bedürfnisse und Erwartungen der Betroffenen
- das Registrieren, sofern die zeitliche Möglichkeit besteht
- das gezielte Weiterleiten der Betroffenen, begleitet von Einsatzkräften.

Für die der Anlaufstelle nachgelagerte Transportbegleitung zur Betreuungsstelle oder zum Betreuungsplatz ist zusätzliches Personal erforderlich. Je nach Transportart und -kapazität sowie Verfassung der Betroffenen werden mindestens zwei bis vier Einsatzkräfte als Begleitung pro Gruppe Betroffener benötigt.

3.3 Betreuungsstellen als Vorstufe zum Betreuungsplatz

Betreuungsstellen sind Einrichtungen außerhalb des Schadensgebietes, in denen unverletzte Betroffene vorübergehend betreuungsdienstlich versorgt (Witterungsschutz, Verpflegung, Information, soziale Betreuung mit dem Angebot an psychologischer Unterstützung) und je nach Lageentwicklung von dort zu Betreuungsplätzen gebracht oder nach Hause entlassen werden. Geeignete Örtlichkeiten für die Einrichtung einer Betreuungsstelle können kurzfristig beziehbare Räume wie Gemeindesäle, Turn- oder Mehrzweckhallen, öffentliche Gebäude, Versammlungsstätten etc. sein. Es können aber auch nahe gelegene, eingegrenzte Parkräume vor Einkaufszentren sein.

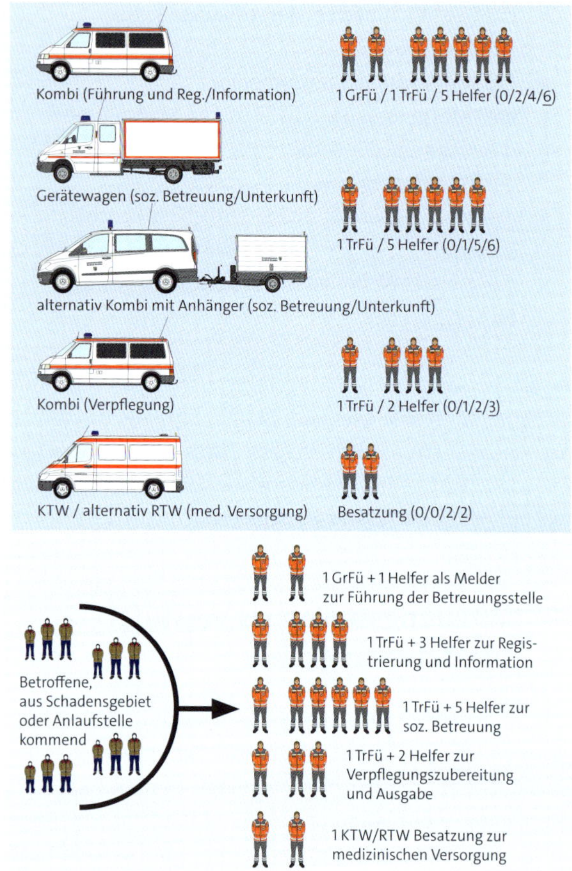

Abb. 6 ▶ Struktur einer Betreuungsstelle, ausgelegt für bis zu 100 Betroffene

Diese müssen allerdings überschaubar sein. Zu erbringende Leistungen in der Betreuungsstelle sind:

- die Bereitstellung von Parkmöglichkeiten
- die Bereitstellung von Aufenthaltsbereichen
- die Information und Registrierung der Betroffenen
- die Bereitstellung einer sanitätsdienstlichen Versorgung
- die Bereitstellung von psychologischer Unterstützung
- die Ausgabe von Kalt- und Warmverpflegung sowie Getränken je nach Witterung und Tageszeit.

Spätestens dann, wenn Betroffene betreuungsdienstliche Leistungen in Anspruch nehmen, muss die Registrierung, also die Erfassung von Personalien, einsetzen. Dadurch werden die Arbeit der behördlichen Personenauskunftsstelle und der Einsatzabschnitt Ermittlungen der Polizei unterstützt (Vermisstensuche) sowie Nachweise für die spätere Abrechnung der erbrachten Leistungen gegenüber der alarmierenden bzw. beauftragenden Stelle und eventuellen Kostenträgern (Rechts- und Versicherungsansprüche) erbracht.

4 Liegenschaften für Betreuungsplätze

In diesem Kapitel werden die Anforderungen an eine Liegenschaft beschrieben, die als Betreuungsplatz genutzt werden soll. Die Auswahl einer Liegenschaft, deren Erkundung und die Auswertung werden mit praxisnahen Empfehlungen vorgestellt. Zudem werden Hintergrundinformationen für die Vorbereitung eines Gesprächs zwischen zuständiger Verwaltungsbehörde und den ausführenden Hilfsorganisationen sowie für die Einbindung in die behördlichen Gefahrenabwehrpläne gegeben.

4.1 Anforderungen an eine Liegenschaft

Wie in Kapitel 2 ausgeführt, werden auf dem Betreuungsplatz die vordringlichen Leistungen im Rahmen der Soforthilfe für Betroffene sichergestellt. Während die Anlaufstelle und die Betreuungsstelle (s. Kap. 3.2 und 3.3) nahezu an jeder geeigneten Straßenecke oder auf einem Parkplatz kurzfristig und ohne großen logistischen Aufwand sichergestellt werden können, bedürfen die Einrichtung und der Betrieb eines Betreuungsplatzes in einer Liegenschaft erheblicher Vorarbeit. Ein scheinbar geeignetes Gebäude und dessen Umfeld sind im Alltag für ihre eigene, also völlig andere Funktion ausgelegt (z. B. Schulen, Turn- und Mehrzweckhallen). Die Liegenschaften müssen für eine betreuungsdienstliche Nutzung erst umfunktioniert werden.

Grundsätzlich gilt: Für die Bewältigung aller Schadensereignisse in einer Kommune ist der Hauptverwaltungsbeamte, vertreten durch den behördlich bestimmten Einsatzleiter, verantwortlich. Dieser Umstand ist entscheidend für den Zugriff auf die Liegenschaften, die für einen Betreuungsplatz ausgewählt werden sollen.

Schulen und andere für diesen Zweck geeignete öffentliche Mehrzweckeinrichtungen sind entweder unmittelbarer Bestandteil der eigenen oder einer nächsthöheren Verwaltungsebene. Für deren Nutzung sind lediglich behördeninterne Absprachen oder Anweisungen notwendig. Auch die Nutzung von geeigneten privaten Liegenschaften kann ggf. in Betracht gezogen werden. Ihre Inanspruchnahme, insbesondere ein Betretungsrecht für Zwecke der Erkundung, für Übungszwecke oder zur Vorbereitung auf einen Einsatzfall, ist jedoch auf die Zustimmung des Besitzers angewiesen bzw. müsste im Zweifelsfall erst ordnungsbehördlich erzwungen werden.

Zur Festlegung von Betreuungsplätzen und deren Einbindung in die behördliche Gefahrenabwehrplanung sollte zunächst ein Abstimmungsgespräch zwischen der zuständigen Gefahrenabwehr- bzw. Katastrophenschutzbehörde und den betreuungsdienstlichen Fachkräften aus den Hilfsorganisationen geführt werden. Erstes Ergebnis wird eine Liste der möglichen Liegenschaften sein, die für die Einrichtung eines Betreuungsplatzes in Betracht kommen. Folgende Leitkriterien sind bei der Standortauswahl zu beachten:

- räumlich gleichmäßige Verteilung der Liegenschaften in den Verwaltungseinheiten (Flächenkreise)
- Verteilung der Liegenschaften in Relation zur Bevölkerungsdichte (Ballungsgebiete und größere Städte)
- Verteilung der Liegenschaften entsprechend den Gefahrenpotenzialen (Wohngebiete am Rande von Industrieanlagen und Objekten, die als kritische Infrastruktur beschrieben werden).

Für die Ermittlung der in einer Verwaltungseinheit benötigten Liegenschaften ist entsprechend den bisherigen Überlegungen davon auszugehen, dass für 3 % der Bevölkerung die Unterbringung für den eigenen Zuständigkeitsbereich planerisch vorzubereiten ist. Dies kann für einen gewissen Anteil im Rahmen des Solidaritätsprinzips ggf. unter Einbeziehung der Ressourcen der unmittelbar benachbarten Kommunen geschehen. Für mindestens 1 % der Bevölkerung ist die Unterbringung innerhalb des eigenen Zuständigkeitsbereichs organisatorisch sicherzustellen. Das bedeutet, dass eine Stadt mit 80.000 Einwohnern rechnerisch für 800 Personen, ein Kreis mit 280.000 Einwohnern über sein Kreisgebiet verteilt eine Unterbringung von 2.800 Personen in Betreuungsplätzen organisatorisch sicherstellen sollte.

Dies ist selbstverständlich nur ein theoretischer Anhaltspunkt, der abhängig von den zuvor genannten drei Leitkriterien relativiert werden muss. Sofern Gemeinden innerhalb einer Verwaltungseinheit sehr weit auseinander liegen oder die Anzahl der Wohngebiete, die durch Industrieanlagen gefährdet sein könnten, entsprechend hoch ist, müssen mehrere Liegenschaften eingeplant werden. Diese Entscheidung obliegt dem zuständigen Hauptverwaltungsbeamten, der jedoch durch die Hilfsorganisationen beraten werden kann. Die vorgeschlagenen Liegenschaften für Betreuungsplätze müssen in einem weiteren Schritt erkundet und bewertet werden. Die Ergebnisse aus Erkundung und Bewertung gehen wieder in die Planungsrunde der zuständigen Verwaltungsbehörde und schließlich in die behördlichen Gefahrenabwehrpläne ein.

4.2 Merkmale geeigneter Liegenschaften

Für die Einrichtung eines Betreuungsplatzes eignen sich öffentliche Einrichtungen wie Schulen und Turn- bzw. Mehrzweckhallen. Vordringlich sollte die Aufmerksamkeit auf Schulen liegen, da diese durch ihre Bauform über eine große Anzahl baugleicher (Klassen-)Räume und weitere Funktions- und Versammlungsräume verfügen. Mobiliar und wichtige Infrastruktur sind vorhanden und nutzbar, Brandschutzmaßnahmen wie beispielsweise Flucht- und Rettungswege, Anzahl und Standort der Feuerlöscher, Zufahrten für Rettungsmittel etc. sind bereits festgelegt.

Grundsätzlich sind auch Turn- und Mehrzweckhallen geeignet, jedoch weniger zu empfehlen. Hier fehlt es vor Ort an Mobiliar und räumlichen Abtrennungen. Der Sportbodenbelag lässt häufig das Betreten mit Straßenschuhen nicht zu. Um Beschädigungen zu vermeiden, muss ein Schutzbelag verlegt werden. Sanitäranlagen und auch der Platzbedarf reichen regulär nur für etwa 250 Betroffene aus, da eine her-

Abb. 7 ▶ Ruhe- und Aufenthaltsraum eingerichtet in einem Klassenraum. Innenraumaufteilung (vorhandenes Mobiliar) muss neu angeordnet werden, jedoch ist eine partielle Aufteilung der Betroffenen im Sinne einer Privatssphäre und einer Familienzusammenlegung möglich.

Abb. 8 ▶ Ruheraum eingerichtet in Mehrfachturnhalle, schnell aufgebaut, jedoch ohne partielle Aufteilung

kömmliche Dreifachsporthalle lediglich über eine Hallenfläche von 1.200 m^2 verfügt. Das sind Verhältnisse, die qualitativ lediglich einer notdürftigen Massenunterkunft gleichen und für einen Betreuungsplatz vermieden werden sollten.

Bei der Auswahl der Schule ist bereits vor der Erkundung darauf zu achten, dass es sich um Gebäude handelt, die im täglichen Betrieb für Schüler der Sekundarstufen I (Schuljahre 5–10) und II (Schuljahre 11–13) ausgelegt sind. Reine Grundschulen sind durch ihre Bauweise und Einrichtung für Kinder ausgelegt, d. h. sie verfügen über niedrige, nicht für Erwachsene geeignete Stühle, Tische und WC-Anlagen.

Bei der tatsächlichen Erkundung durch Kräfte des Betreuungsdienstes sollte darauf geachtet werden, dass die nachfolgend aufgeführten baulichen und infrastrukturellen Voraussetzungen gegeben sind:

- große Anzahl baugleicher (Klassen-)Räume
  (Sonderfunktionen wie Chemie- oder Physikräume, Lagerräume, Büchereien etc. nicht mitzählen!)
  Maßzahl: für je 100 Betroffene = 7 (Klassen-)Räume

- ausreichende Anzahl an Sanitäranlagen
  Maßzahl: für je 100 Betroffene = 4 Waschplätze, für je 100 Betroffene = 3 Toilettenplätze (getrennt nach Geschlechtern), für je 100 Betroffene = 2 Urinale
- große Eingangshalle/Foyer am Haupteingang für den Einlass der Betroffenen und die vordringlichen Maßnahmen der Registrierung und Information
  Maßzahl: mindestens 200 m^2 Grundfläche
- möglichst eine Turnhalle oder Mehrzweckhalle für die sofortige Aufnahme der Betroffenen bei schlechter Witterung, damit die Zeit vom Eintreffen der Betroffenen bis zur Einsatzbereitschaft der Registrierung und bis zum Einlass in die eigentliche Schule überbrückt werden kann (Schutzvorkehrungen für den meist empfindlichen Sportbodenbelag sind mit dem Träger vorher abzusprechen)
- intakte Infrastruktur für die Ver- und Entsorgung, wie Strom und Licht, Wärme, Be- und Entlüftung, Wasser und Abwasser, ggf. gesonderte Abwasserkanalisation für den Betrieb von Feldkochherden (Achtung: fetthaltiges Abwasser!)
- eine Schulkantine/Mensa erleichtert die Verpflegungsausgabe
- vorhandene und nutzbare Kommunikationseinrichtungen wie Telefon, Telefax, Internetanschluss für die Datenübermittlung von der Führungsstelle des Betreuungsplatzes an die übergeordnete Einsatzleitung, ggf. die Personenauskunftsstelle
- gewartete Brandschutzeinrichtungen wie Brandmeldeanlage, festgelegte Rettungswege, Feuerlöscher, Fluchtpläne und Notausgänge und deren entsprechende Beschilderung

- Außengelände mit großzügigen Parkmöglichkeiten in fußläufiger Nähe für Einsatz- und Logistikfahrzeuge
- Schulhof für die Errichtung eines Küchenbereichs, dabei auf Freihaltung der Flucht- und Rettungswege achten (Stellplan im Vorfeld mit der Feuerwehr abklären!)
  Maßzahl: ca. 240 m^2 Platzbedarf für Kochgerät und Zelte inkl. Transitraum für Lieferfahrzeuge
- vorhandene Anfahrtswege und Abstellplätze für Busse zur Sicherstellung des Verkehrs zwischen Schadensgebiet und Betreuungsplatz sowie Abreise zu den nächsten Bestimmungsorten der Betroffenen
- Bushaltestellen und Anbindung an den öffentlichen Personennahverkehr (ÖPNV).

Die strukturierte Aufteilung der Räume und deren Nutzung werden in Kapitel 5 näher erläutert. Das im Bundesland Nordrhein-Westfalen eingeführte Konzept für Betreuungsplätze ist für bis zu 500 Betroffene ausgelegt. Aus bisherigen Erkundungen und Auswertungen ergibt sich, dass diese Aufnahmekapazität bei Schulgebäuden der Sekundarstufen I und II erreicht wird und der Wert „500“ als Maßzahl dienen kann. Nachstehend ist eine Faustformel für die Berechnung der Anzahl der im Verwaltungsbereich benötigten Betreuungsplätze angegeben.

$$\frac{\textit{Gesamtbevölkerung}}{100 \times 500} = \textit{Anzahl}_{\textit{BTP 500}}$$

Jedoch können auch Liegenschaften, die dieser Größenordnung nicht entsprechen, wertvolle Gebäude für die Unterbringung Betroffener sein. Auch kleinere Liegenschaften können bei sonstiger Eignung mit ihrer individuell errechneten Aufnahmegröße dem Hauptverwaltungsbeamten empfohlen und im Gefahrenabwehrplan berücksichtigt werden.

4.3 Erkundung und Auswertung einer Liegenschaft

Die Erkundung einer Liegenschaft muss mit ausreichendem zeitlichen Vorlauf mit den zuständigen Verwaltungsstellen abgestimmt werden. Unerlässlich ist die Anwesenheit des kundigen Schulhausmeisters mit uneingeschränkter Schlüsselgewalt. Zur Vorbereitung sollten Gebäudepläne, vorzugsweise Brandschutzpläne mit Maßstabsangabe, in ausreichender Zahl vorhanden sein. Brandschutzpläne haben gegenüber Bauplänen den Vorteil, dass alle dargestellten Räume mit den für die Einsatzplanung notwendigen Angaben versehen sind. Bauzeichnungen oder ähnliche Grundrisse enthalten für die Aufgabe eher unbedeutende Angaben wie Mauerstärken, bautechnische Hinweise auf tragende Wände und Pfeiler, Anschlüsse sowie Querschnitte und lenken bei der Erkundung eher vom Wesentlichen ab.

Der eigentliche Vorgang der Erkundung sollte mittels standardisierter Vordrucke vorbereitet sein, damit die Begehung in einem angemessenen Zeitrahmen und einheitlich strukturiert bewältigt werden kann. Vordrucke erleichtern nicht nur die Arbeit, sie dienen zugleich als Checkliste mit vordefinierten Auswertungsfeldern. Die Vordrucke, auch *Erkundungsbögen* genannt, sollen folgende Erkundungsergebnisse dokumentieren:

- **für jeden (Klassen-)Raum**
  die Standortangabe und Raumbezeichnung, die ungefähre Grundfläche, Einrichtungsgegenstände, Licht, Anschlüsse, ggf. Waschmöglichkeit,

Fluchtweg, Besonderheiten und eine skizzenhafte Darstellung

- **für die Flure und Treppen**
  die räumliche Darstellung, alternative Zugänge bzw. Wege für Rollstuhlfahrer, Gefahrenbereiche, Fluchtwege, Beleuchtungssituation, Standorte für die geplante Beschilderung für den Betrieb
- **für die elektrischen Anlagen**
  Standort der Sicherungskästen und Hauptschalter für Licht und Strom, Stromanschlüsse im Außenbereich, Standort des Zählerkastens, Kontaktdaten des Stromlieferanten für Notfälle, alternative Stromversorgung, wenn vorhanden
- **für Turn- und Mehrzweckhallen**
  Standortangabe, Grundfläche, Fluchtwege, Schließanlage, Hauptschalter für Strom und Licht, Gefahrenstellen und ggf. besondere Hinweise betreffend die Turngeräte
- **für Wasser, Abwasser und Entsorgung**
  Sperrventile und Hinweise zur Bedienung, Kontaktdaten des Lieferanten und des Entsorgers, Abwasserregelung für den Küchenbereich ggf. mit Fettabscheider
- **für jeden Sanitärraum**
  Anzahl der Toilettenplätze und Urinale, Waschplätze, Wickelmöglichkeit für Säuglinge, Standort, Einrichtungsgegenstände, ggf. Lagerung für Verbrauchsgegenstände wie Toilettenpapier, Seife und Reinigungsgeräte
- **für das Gebäudeumfeld**
  Grundflächen, Parkmöglichkeiten, Zu- und Abfahrtswege, Verkehrsregelung (beispielsweise Einbahnstraßenverkehr bei engen Zufahrten beachten), Beleuchtung bei Dunkelheit, geplante

Beschilderung für den Betrieb, Lage der Hydranten, Gefahrenstellen

- **zur Erreichbarkeit der Liegenschaft**
  die Anfahrtsmöglichkeiten, Durchfahrtshöhen, Kontaktdaten des Trägers und des Verwalters (Hausmeisters) vor Ort
- **zur Kommunikationsanlage**
  Art der Telefonanlage, Lage der Telefonanschlüsse und -anlage sowie Telefax, Rufnummernverzeichnis, Internetanschluss und dessen Besonderheiten, Lautsprecheranlage für Durchsagen und deren Bedienung
- **zur Heizungsanlage**
  Standort, Regulierung und Bedienung der Heizkörper in den Räumen, Zähler für Betriebsmittel (Gas, Öl), Kontaktdaten der Lieferanten und Servicefirmen für Notfälle.

Nach Abschluss der Erkundung werden die Erkundungsbögen ausgewertet. Nach einem Abgleich der Brandschutzpläne und sonstigen Gebäudepläne mit eigens erstellten Skizzen werden die Räume den Funktionsbereichen zugeteilt, die Unterbringungskapazität ermittelt, offene Fragen geklärt oder der zuständigen Verwaltungsbehörde zur Klärung vorgetragen.

Hinsichtlich der Maßnahmen des vorbeugenden Brandschutzes ist zu beachten, dass für öffentliche Liegenschaften eine Brandschutzordnung besteht. Die darin festgelegten baulichen Maßnahmen sind für den Aufenthalt einer bestimmten Anzahl von Personen während des originären Betriebs der Liegenschaft ausgelegt. Solange die Anzahl der Betroffenen nicht die durch die Bauaufsichtsbehörde/Brandschutzdienststelle genehmigte Personenzahl übersteigt, kann von der Gültigkeit der für die Gebäude festgelegten

Maßnahmen ausgegangen werden. Eine Neubeurteilung ist i. d. R. nicht zu erwarten.

Zu beachten bleibt aber, dass die allgemeine Nutzung der Räume nicht verändert wird. Es darf also in den Räumen keine Lebensmittelzubereitung mittels gasbetriebener Hockerkocher stattfinden, wenn die Räume nicht dafür ausgelegt sind. Die einzige Alternative für den Betrieb von offenen Feuerstellen ist das Außengelände. Einzelheiten zum Verpflegungsbereich sind in Kapitel 5.5 beschrieben.

Neben der Überplanung der Liegenschaft sollte die zuständige Gefahrenabwehrbehörde sicherstellen, dass im entsprechenden Gefahrenabwehrplan bei Aufruf des entsprechenden Einsatzstichwortes folgende Vorkehrungen getroffen sind:

- vorbereitete Sperrpläne, die von den Ordnungsbehörden und der Polizei genutzt werden, um angrenzende Straßen und Wege für die Einsatzkräfte frei zu halten
- Alarmierung der Liegenschaftsverwaltung für die Bereitstellung des Gebäudes und das Öffnen der Zufahrtswege
- Entscheidungsalgorithmen der Schulbehörde im Falle eines Unterrichtsausfalls, ggf. Entwicklung von Alternativplänen
- Ermittlung des Bedarfs an zusätzlichem Material für die Sicherstellung des Unterkunftsbetriebs: Was ist im Rahmen der Einsatzvorbereitung zu beschaffen, was muss im Akutfall wo besorgt werden?
- Alarmierung von Lotsen, die überörtlich angeforderten Kräften die Anfahrt erleichtern.

Der DRK-Landesverband Nordrhein setzt zur Erkundung von Betreuungsplätzen landesweit als Führungsmittel eine standardisierte Erkundungskiste ein. Diese Aluminiumbox

(40 cm × 30 cm × 34 cm) ist mit sechs Ordnern und Vordrucken ausgestattet. Für jeden Funktionsbereich des Betreuungsplatzes ist analog dem Landeskonzept der Betreuungsplatz-Bereitschaft 500 NRW ein Erkundungsordner entwickelt worden. Zur schnellen Erkennbarkeit ist jedem Funktionsbereich eine Farbe zugeordnet:

- roter Ordner: Führung des Betreuungsplatzes
- gelber Ordner: Registrierung und Information
- blauer Ordner: medizinische Versorgung
- brauner Ordner: soziale Betreuung/Unterkunft
- grauer Ordner: Verpflegung
- schwarzer Ordner: Technik.

Für jede Liegenschaft soll eine Erkundungskiste gepflegt werden. Bei Aktivierung eines Betreuungsplatzes in der entsprechenden Liegenschaft können die Unterlagen den anrückenden Einsatzkräften ausgehändigt werden. Diese finden alle einsatzrelevanten Informationen zur zugewiesenen Liegenschaft vor und können unverzüglich mit der Einrichtung des Betreuungsplatzes beginnen.

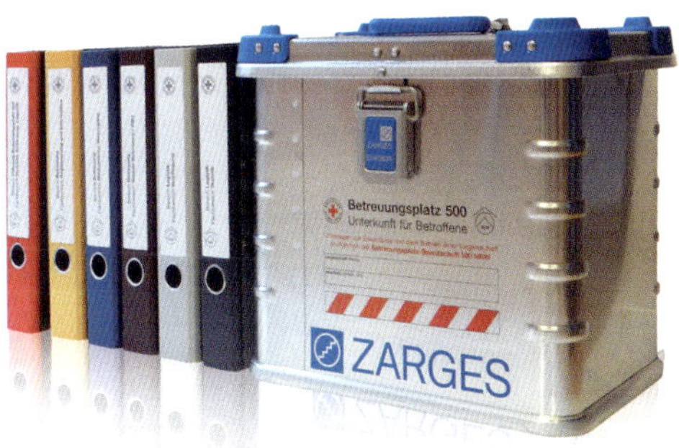

Abb. 9 ▶ Erkundungskiste: standardisiertes Führungsmittel im DRK-Landesverband Nordrhein zur Erkundung einer Liegenschaft, eingeführt 2009

5 Struktur eines qualifizierten Betreuungsplatzes

In diesem Kapitel werden die Funktionsbereiche eines Betreuungsplatzes beschrieben, die notwendig sind, um alle Primärleistungen für Betroffene inklusive der logistischen Hintergrundleistungen abzudecken. Die Bereiche entsprechen in den Grundzügen dem in Nordrhein-Westfalen gültigen Konzept, sind jedoch auf alle Betreuungsplätze übertragbar. Folgende Funktionsbereiche sind auf einem Betreuungsplatz notwendig:

- Führung des Betreuungsplatzes
- Registrierung und Information
- medizinische Versorgung
- soziale Betreuung inkl. psychosoziale Unterstützung Betroffener
- Verpflegung für Betroffene und Einsatzkräfte
- Technik.

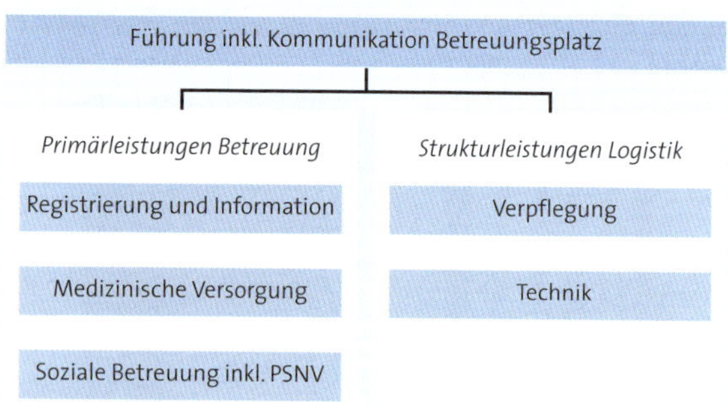

Abb. 10 ▶ Die Darstellung der Funktionsbereiche des Betreuungsplatzes verdeutlicht, dass es abgesehen von der Führung des Betreuungsplatzes keine weiteren Unterstellungsverhältnisse der Fachbereiche gibt.

5.1 Führung des Betreuungsplatzes

Die Führungseinheit ist die zentrale Schaltstelle auf dem Betreuungsplatz. Von hier aus werden die zu erbringenden Primärleistungen personell und materiell gesteuert und die Ziele definiert. Anforderungen aus den nachgeordneten Funktionsbereichen werden bearbeitet und entweder durch die interne Logistik (Verpflegung oder Technik) erbracht oder bei der übergeordneten Führungsstelle (Einsatzabschnittsleitung oder Einsatzleitung) angefordert. Die Aufgaben der Einsatzführung können durchaus mit dem Management eines Hotelbetriebs verglichen werden.

Je nach Art und Stärke der alarmierten Einheiten bedarf es für die Einrichtung und den Betrieb eines Betreuungsplatzes für bis zu 500 Betroffene zwei oder mehr Einheiten bzw. Teileinheiten des Sanitäts- und Betreuungsdienstes, die für diese Aufgabe zu einem taktischen Verband zusammengestellt werden. Für die Führung eines Betreuungsplatzes dieser Dimension muss der eingesetzte Führer über mehrere Führungsassistenten und zusätzlich über Führungsgehilfen verfügen. Es wird daher eine Führungsstaffel als Führungseinheit empfohlen (Stärke: 1/0/2/3/6). Die Führungsgehilfen führen die Dokumentation bzw. das ETB und sind für die Lagekarte zuständig. Die Funktion des „Führers Betreuungsplatz“ wird von einem Verbandsführer wahrgenommen.

Um Führung effizient umsetzen zu können, bedient sich ein Einheitsführer oder Einsatzleiter bereits auf den unteren Führungsebenen regelmäßig der Unterstützung durch Führungsgehilfen. Die mit steigender Führungsebene umfangreicher und komplexer werdenden Führungsaufgaben verlangen schließlich, dass sich die Personen in der Führungseinheit zur Unterstützung und Beratung des Einheitsführers arbeitsteilig organisieren und zusammenarbeiten. Damit wird der Übergang zur Stabsarbeit erforderlich.

Tab. 1 ▶ Funktionen und hierfür erforderliche Qualifikationen

Funktion	Qualifikation
Führer Betreuungsplatz	Verbandsführer
Führungsassistent S1/S4: Personal und Versorgung/Logistik	Zugführer/Gruppenführer eines Fachdienstes
Führungsassistent S2/S3: Lage und Einsatz	Zugführer eines Fachdienstes
Führungsgehilfen	Kraftfahrer/Sprechfunker
Weitere Fachberater nach Lage und Bedarf	z. B. PSNV-Fachkräfte, Behördenvertreter

Die Funktionen und Qualifikationen der eingesetzten Führungskräfte und Führungsgehilfen innerhalb der Führungsstaffel eines Betreuungsplatzes können Tabelle 1 entnommen werden.

Kleinere Betreuungsplätze mit einer Aufnahmekapazität von maximal 250 Betroffenen können auch von einem Führungstrupp bzw. Zugtrupp (Stärke: 1/1/2/4) geführt werden. Bei gleicher taktischer Gliederung wird hier die Anzahl der benötigten Kräfte die Stärke eines Zuges bzw. mehrerer zu einem Zug zusammengestellter Gruppen nicht überschreiten. Betreuungsplätze dieser Größenordnung können von einem Zugführer geführt werden. Die jeweilige Führungskräfteausbildung nach landesrechtlichen und organisationsinternen Vorgaben ist obligatorisch.

Aufgrund der Art der unterschiedlichen Einsatztätigkeiten auf einem Betreuungsplatz empfiehlt es sich grundsätzlich, den Betreuungsplatz taktisch in mehrere Funktionsbereiche zu gliedern und beim Einsatz von zwei oder mehr Einheiten auch die Führung dieser Funktionsbereiche auf die vorhandenen Führungskräfte und Führungseinheiten aufzuteilen:

- Führungsstaffel
  = Führung des Betreuungsplatzes
- Führungstrupp 1. Einheit/Zug
  = Führung betreuungsdienstlicher Maßnahmen
- Führungstrupp 2. Einheit/Zug
  = Führung logistischer Maßnahmen.

Die Befehlsstellen der Funktionsbereiche sollten an einer zentralen Stelle in der Liegenschaft eingerichtet werden, von der aus alle Bereiche überschaut und gesteuert werden können. Hierzu eignet sich der vorhandene Verwaltungsbereich einer Schule, also Lehrerzimmer, Sekretariat, Büros und EDV-Räume. Dort stehen ggf. Internet-, Telefon- und Telefaxanschlüsse sowie Computer und Fotokopierer zur Verfügung.

Die Leistung der Führung eines Betreuungsplatzes kann wie folgt beschrieben werden:

- Einsatzwertermittlung als fortwährender Prozess (Führungsvorgang/-kreislauf)
- Festlegen von Leistungen in den Funktionsbereichen
- Bearbeitung von Anfragen (Meldungen) aus den Bereichen
- Anfragen (Meldungen) an die übergeordnete Führungsstelle
- Anfragen des Suchdienstes entgegennehmen und Registrierungsdaten der Betroffenen an Suchdienst/Personenauskunftsstelle übermitteln
- Befehle der übergeordneten Führungsstelle entgegennehmen
- Führung von Personal- und Materialübersichten
- Sicherstellung der medizinischen Gesamtverantwortung durch einen Arzt
- Sicherstellung und Überwachung aller Maßnahmen nach geltenden Gesetzen und Verordnungen.

5.2 Registrierung und Information

Dieser Funktionsbereich stellt sicher, dass jeder aufgenommene Betroffene mit seinen Personalien erfasst wird. Eine Ausgangsregistrierung erfasst abgehende Betroffene und dokumentiert deren weiteren Bestimmungsort. Weiterhin erfolgen hier Auskünfte und die Verteilung von Informationen an die Betroffenen. Dieser Bereich ist zu vergleichen mit der Rezeption in einem Hotelbetrieb und ist zu jeder Tages- und Nachtzeit personell besetzt zu halten (obligatorischer Schichtdienst).

Der Personalansatz ist in der Aufnahmephase hoch, da die überwiegende Anzahl der Betroffenen erfahrungsgemäß zeitgleich eintrifft und alle Betroffenen zwingend erfasst werden müssen. Zu lange Warteschlangen müssen dabei vermieden werden, um die Betroffenen nicht zusätzlichem Stress auszusetzen.

Im weiteren Verlauf des Einsatzes reicht eine Minimalbesetzung, um berechtigten Stellen Auskünfte zu erteilen oder auch Anfragen von Betroffenen entgegennehmen zu können. Diese werden zur Klärung an die Führung weitergegeben. Informationen für alle Betroffenen und Suchanfragen werden an den bereitstehenden Stellwänden ausgehängt.

Das Personal in diesem Funktionsbereich sollte über eine betreuungsdienstliche Grundausbildung verfügen. Eine sanitätsdienstliche Grundausbildung erleichtert eine erste grobe medizinische Beurteilung der Betroffenen (Erkennung von psychischen oder physischen Auffälligkeiten, inklusive Bedarfe für pflegerische Unterstützungsmaßnahmen). Diese Leistung darf jedoch nur in Grundzügen erfolgen, damit der Fluss der Betroffenen durch die Registrierung nicht behindert wird und diese möglichst schnell in die Unterkunft weitergeleitet werden können.

Standort der Registrierung und Information sollte die Eingangshalle sein. Dafür sollte eine Grundfläche von mindestens 200 m^2 zur Verfügung stehen, um einen funktionalen und flüssigen Ablauf der Maßnahmen zu ermöglichen. Aufgebaut werden hier ein paar Tische und entsprechende Sitzmöglichkeiten, damit die Betroffenen die Registrierungsbögen bzw. Begleitkarten selbstständig ausfüllen können.

Die Leistungsbeschreibung des Funktionsbereichs Registrierung und Information lautet wie folgt:

- Einlasskontrolle der Betroffenen
- Einlasskontrolle von Dritten (bei Behördenvertretern und Medienvertretern, die Zugang wünschen, ist die Führung umgehend zu informieren)
- Ausgabe der Registrierungsunterlagen und Unterstützung beim Ausfüllen (hier sind Fremdsprachenkenntnisse erwünscht)
- Ausgabe von Informationen an die Betroffenen
- Entgegennahme von Fragen der Betroffenen und Weiterleitung an die Führung
- Bereitstellung eines Informationsbrettes oder von Stellwänden für Aushänge
- Ausgangskontrolle für Betroffene mit Dokumentation des Bestimmungsortes.

5.3 Medizinische Versorgung

Dieser Funktionsbereich stellt alle medizinischen Maßnahmen sicher, die auf dem Betreuungsplatz anfallen können. Grundsätzlich sollen zwar keine Verletzten und Erkrankten einem Betreuungsplatz zugeführt werden, es ist jedoch damit zu rechnen, dass Betroffene während des Aufenthalts auf dem Betreuungsplatz erkranken oder mit Medikamenten versorgt werden müssen. Daher wird dieser Bereich mit sanitäts- oder rettungsdienstlich ausgebildeten Einsatzkräften besetzt. Für die medizinische Versorgung ist die Präsenz eines Arztes vor Ort zwingend, jedoch muss hier die strukturelle Abgrenzung der Zuständigkeit im Rahmen der Einsatzvorbereitung mit den zuständigen Behörden abgestimmt sein. Insbesondere die Schnittstellen mit dem kassenärztlichen System und mit dem ggf. parallel betriebenen Behandlungsplatz müssen definiert und beachtet werden. Im Rahmen dieses abgegrenzten Zuständigkeitsbereichs entscheidet der Arzt über die erforderlichen medizinischen Maßnahmen.

Da nicht davon auszugehen ist, dass der Bedarf an medizinischer Versorgung unter den Betroffenen groß sein wird, reicht in diesem Funktionsbereich eine quantitativ minimale, qualitativ jedoch hochwertige Besetzung durch Kräfte mit sanitätsdienstlicher Einsatzerfahrung. Diese bilden den ersten Kontakt zum kommunalen Rettungsdienst. Der am Ende des Kapitels aufgeführte Stärkeansatz bezieht sich auf eine Mindestbesetzung bei einer nicht kritischen Lage. Der Arzt entscheidet gemäß seiner Notfallkompetenz situationsabhängig, ob rettungs- bzw. sanitätsdienstliche Unterstützung nachgefordert werden muss. Gründe hierfür könnten sein:

- psychische und physische Auswirkungen nach extremen Stressbelastungen
- Anzeichen von Auswirkungen nach Räumung bei chemischen Unfällen
- erhöhter Pflegebedarf von vorerkrankten und altersschwachen Betroffenen
- ansteckende Massenerkrankungen/Epidemien etc.

Standort des Funktionsbereichs Medizinische Versorgung sollte ein Raum sein, der von den Betroffenen nicht eingesehen werden kann und abschließbar ist. Weiterhin sollte sich dieser Raum im Erdgeschoss möglichst in der Nähe des Eingangsbereichs befinden. Ein ebenerdiger Zugang, der von Fahrzeugen erreicht werden kann, ist wichtig, falls bei Notfällen der Rettungsdienst herangezogen werden muss. In den meisten Schulen sind Sanitätsräume vorhanden. Das Fachpersonal sollte bereits bei der Erkundung primär diese Räume auf ihre Eignung hin überprüfen.

Die Leistungen der medizinischen Versorgung werden wie folgt beschrieben:

- medizinische Maßnahmen für Betroffene gemäß abgegrenzten Kompetenzen zum kassenärztlichen System und zum Behandlungsplatz
- medizinische Maßnahmen zum Eigenschutz der Einsatzkräfte
- Zusammenarbeit mit dem Rettungsdienst
- präventive Kontrolle über den medizinischen Zustand aller Betroffenen
- Beratung der Betroffenen bei Erkrankungen
- ggf. Kontaktaufnahme mit Apothekennotdiensten, Arztnotrufzentrale und Krankenhäusern über die Führung.

5.4 Soziale Betreuung

Der Funktionsbereich Soziale Betreuung ist das Herzstück des Betreuungsplatzes. Hier werden die Leistungen umgesetzt, die den Betroffenen unmittelbar dienen: Herstellung der Unterbringungsmöglichkeiten mit Ruhe- und Aufenthaltszonen, Betreuung der unverletzten Betroffenen inklusive der Psychosozialen Notfallversorgung und pflegerischer Unterstützung bei Bedürftigen, Versorgung mit Verpflegung, Ver- und Gebrauchsgegenständen sowie Hygieneartikeln. Dieser Bereich ist zu vergleichen mit dem Kerngeschäft eines Hotelbetriebs – den Zimmern, dem Service und der Küche. Im Bereich Soziale Betreuung sind vorrangig Kräfte mit einer betreuungsdienstlichen Ausbildung einzusetzen. Diese Einsatzkräfte sollten im Idealfall zusätzlich über eine

Abb. 11 ▶ Die Bedürfnishierarchie nach Maslow, auch als *Bedürfnispyramide* bekannt, beschreibt die Rangfolge der Bedürfnisse des Menschen. Hat dieser eine Stufe erreicht bzw. ein Bedürfnis befriedigt, entsteht die Motivation, Bedürfnisse der nächsthöheren Stufe zu befriedigen. Die zu erbringenden Primärleistungen des Betreuungsplatzes lassen sich aus diesem Modell ableiten.

Grundausbildung der Psychosozialen Notfallversorgung verfügen, da sie unmittelbar mit der Not und den Sorgen der betroffenen Menschen in Berührung kommen, nachdem diese aus ihrer gewohnten Umgebung herausgerissen wurden, und sich erst hier auf dem Betreuungsplatz entscheidet, wie es für die Betroffenen weitergeht. Ferner müssen diejenigen Einsatzkräfte, die Verpflegungsausgabestellen betreiben, nach dem geltenden Infektionsschutzgesetz unterwiesen sein.

Einige Einsatzkräfte der sozialen Betreuung sollten eine Fortbildung in pflegeunterstützenden Maßnahmen, der sogenannten Pflegerischen Ersten Hilfe haben. Diese Maßnahmen umfassen bei Bedarf die Hilfe bei der Nahrungsaufnahme, die Hilfe beim Be- und Entkleiden, die Hilfe beim Verrichten der Notdurft sowie die Hilfe bei der Mobilisation. Diese einfachen Handgriffe erfolgen regulär unter Anleitung von Pflegekräften, die anlassbezogen angefordert werden müssen.

Da das Personal in diesem Funktionsbereich im Schichtbetrieb über viele Stunden direkt in Kontakt mit den Betroffenen steht, sind separate Rückzugsmöglichkeiten mit Ruhe- und Aufenthaltsraum für diese Kräfte unerlässlich (Eigensicherung).

Der Funktionsbereich Soziale Betreuung bewirtschaftet zudem die in der Liegenschaft für die Betroffenen hergerich-

Tab. 2 ▶ Anzahl und Qualifikation der Einsatzkräfte für Aufenthalts- und Ruhezonen

Funktion	je Klassenraum (60 – 70 m^2)	
Aufenthaltszone	30 – 35 Betroffene	zwei Einsatzkräfte, davon mindestens eine mit einer PSNV-Grundausbildung
Ruhezone	12 – 15 Betroffene	eine Einsatzkraft als „Nachtwache“

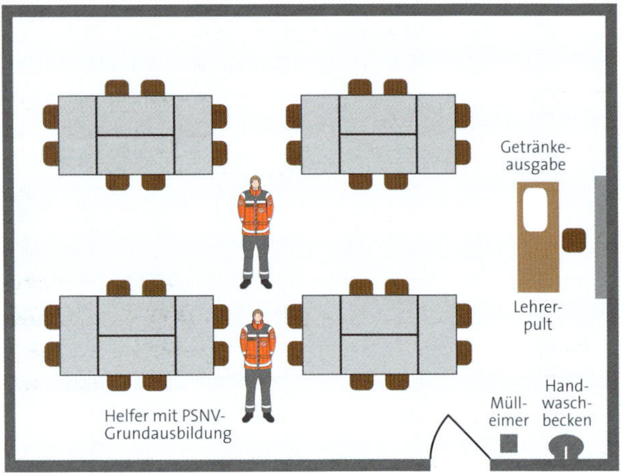

Abb. 12 ▶ Beispiel zur Herrichtung eines Aufenthaltsraumes in einem Klassenraum von 60 m² Größe für etwa 32 Betroffene

teten Räume. In einem Raum von 60 bis 70 m² Größe können sich entweder 30 bis 35 Betroffene aufhalten oder 12 bis 15 Betroffene auf Liegemöglichkeiten ausruhen. Ein separater kleinerer Rückzugsraum für Einzelgespräche sollte angeboten werden („PSNV-Zone"). Hier können Betroffene das Angebot wahrnehmen, ihre Bedürfnisse und Sorgen in einem geschützten Bereich auszusprechen.

Im Aufenthaltsbereich werden Getränke ausgegeben. Auch die Ausgabe von Verpflegung und Gegenständen des täglichen Bedarfs kann dort stattfinden.

Je nach Witterung kann auch das Außengelände genutzt werden. Häufig finden sich auf Pausenhöfen von Schulen Freizeitangebote, die den Aufenthalt für die Betroffenen jeder Altersgruppe abwechslungsreicher gestalten. Die Erfahrung hat gezeigt: Betroffene, die verpflegt sind und Bewegungsmöglichkeiten nutzen, sind leichter zu lenken, und die Atmosphäre ist ruhiger, als wenn solche Ange-

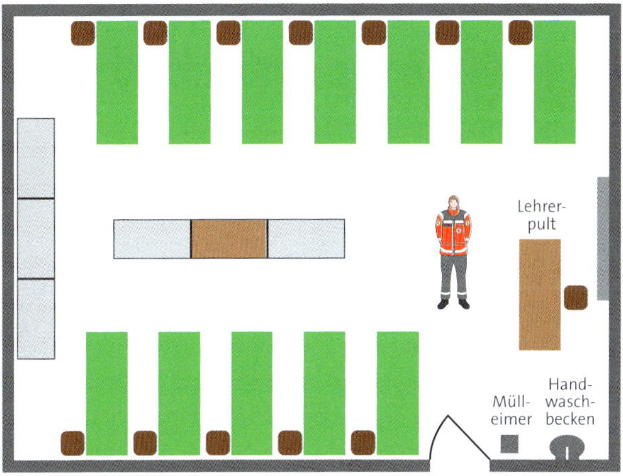

Abb. 13 ▶ Beispiel zur Herrichtung eines Ruheraumes in einem Klassenraum von 60 m² Größe für etwa 12 Betroffene.

bote nicht zur Verfügung stehen. Hier spielt der psychische Aspekt eine entscheidende Rolle.

Die Leistungsbeschreibung des Funktionsbereichs Soziale Betreuung stellt sich wie folgt dar:

- Einrichtung und Betrieb der Aufenthaltszonen mit den vorhandenen Tischen und Stühlen der Klassenräume
- Einrichtung und Betrieb der Ruhezonen mittels mitgebrachter Liegemöglichkeiten: Schaumstoffmatten, Luftmatratzen, Feldbetten, mobile Pflegebetten
- Unterstützung bei einfachen pflegerischen Maßnahmen unter Anleitung von Pflegekräften
- Bevorratung und Ausgabe von mitgebrachten Ver- und Gebrauchsgütern, insbesondere Hygieneartikeln, Wechselkleidung etc.

- Einrichtung und Betrieb von Verpflegungsausgabestellen (geltendes Infektionsschutzgesetz beachten)
- Einrichtung und Betrieb eines Raums für Einzelgespräche im Rahmen der psychosozialen Unterstützung.

Bei der Einrichtung der Aufenthalts- und Ruhezonen sollte die vorhandene Möblierung in den jeweiligen Räumen verbleiben und bestmöglich genutzt werden. In jedem Fall müssen die von den zuständigen Brandschutzdienststellen im Rahmen des vorbeugenden Brandschutzes getroffenen Festlegungen weiterhin gewährleistet sein. Es dürfen sich z. B. vorsorglich nicht mehr Personen (Betroffene und Einsatzkräfte) in den Räumen aufhalten als vorgesehen, da die Breite und Lage von Flucht- und Rettungswegen sowie Art, Anzahl und Standorte von Feuerlöschern auf die örtlichen Verhältnisse abgestimmt sind.

In der Aufenthaltszone werden die Tische zu Gruppen zusammengestellt. Diese Anordnung nutzt nicht nur den Platz optimal aus, sondern fördert die Kommunikation unter den Betroffenen. Bei der Anordnung des Mobiliars ist darauf zu achten, dass für ausreichend Bewegungsmöglichkeiten gesorgt ist.

Abbildung 13 verdeutlicht, dass die Stühle jeweils neben die Liegemöglichkeiten gestellt werden. Die vorhandenen Tische werden teils übereinander an die Wände gestellt, keinesfalls jedoch auf den Flur, da die Flure als Flucht- und Rettungswege im Brandfall fungieren.

5.5 Verpflegung

Der Funktionsbereich der Verpflegung sichert die komplette Versorgung mit Getränken und Speisen für die Betroffenen und für die auf dem Betreuungsplatz eingesetzten Kräfte. Dabei werden die technischen Aufgaben wie Wasserversorgung, Abwasserentsorgung, Müllbeseitigung, Strom und Licht durch den Funktionsbereich Technik bzw. in Kooperation mit diesem umgesetzt (s. Kap. 5.6). Dieser Bereich ist zu vergleichen mit der Küche eines Hotelbetriebs.

Im Bereich Verpflegung wird fachdienstlich ausgebildetes Verpflegungspersonal eingesetzt. Die geltende Lebensmittelhygiene-Verordnung (LMHV) ist strikt einzuhalten und das Infektionsschutzgesetz zu beachten. Auch muss mit hoher Sorgfalt unbedingt sichergestellt werden, dass durch die Lebensmittelzubereitung kein Verpflegungsteilnehmer zu Schaden kommt. Der Personalansatz sollte zwei Einsatzkräfte für die Verpflegung der ersten 100 Verpflegungsteilnehmer vorsehen, für jeweils 100 weitere Verpflegungsteilnehmer je eine weitere Einsatzkraft. Im Einzelfall und je nach Lage kann die Verpflegung auch von Catering, Kantinen und sonstigen Großküchen aus der Region zugeführt werden. Diese Leistungen sind im Rahmen der Einsatzplanung im Hinblick auf die zeitliche und ggf. zeitkritische Verfügbarkeit, die Flexibilität und die Kostenübernahme mit den zuständigen Behörden abzustimmen.

Standort des Funktionsbereichs (Küchenbereich) ist vorzugsweise ein der Unterkunft nahe gelegener Pausenhof oder Parkplatz. Rettungswege für Feuerwehr und Rettungsdienst dürfen beim Aufbau des Verpflegungsbereichs nicht blockiert und auch die eigenen Einsatzfahrzeuge nicht festgesetzt werden. Aufgebaut werden für jeden mitgebrachten Feldkochherd oder äquivalentes Kochgerät je ein abwaschbares Küchenzelt sowie ein Zubereitungszelt. Alle Lebensmittel dürfen auch unter diesen Umständen laut LMHV nur in einem überdachten Bereich zubereitet werden, keinesfalls jedoch unter freiem Himmel. Weiterhin müssen für das Verpflegungspersonal separate Sanitärräume mit Waschgelegenheit und Toilette sowie Umkleidemöglichkeit vorgehalten werden. Diese Einsatzkräfte dürfen die Waschgelegenheiten nicht mit den übrigen Einsatzkräften oder gar den Betroffenen teilen. Mit dieser Maßnahme wird Keimverschleppungen und Ansteckungsgefahren vorgebeugt.

Sollte sich in der Liegenschaft eine (Schul-)Küche oder eine ähnliche Räumlichkeit befinden, so dürfen dort nur unter besonderen Bedingungen Speisen und Getränke zubereitet werden. Es muss sichergestellt werden, dass die allgemeine Raumhygiene (Boden, Wände, Klima, Arbeitsflächen etc.) die Qualität der Lebensmittel nicht beeinträchtigt. So müssen unmittelbar vor Betrieb alle Arbeits- und Lagerbereiche gereinigt, teils desinfiziert und kontrolliert werden (s. a. HACCP im Rahmen der LMHV). Diese Maßnahmen sind schriftlich zu dokumentieren. Die Eignung zum Betrieb ist durch die verantwortliche Führungskraft festzustellen.

Die Führung des Betreuungsplatzes entscheidet lageabhängig über die Sicherstellung der Verpflegung für die Betroffenen und die Einsatzkräfte. Hierbei wird zwischen zwei Modellen unterschieden.

Der Betreuungsplatz befindet sich in einer Umgebung mit intakter Infrastruktur. Dieses Szenario liegt vor, wenn die Evakuierung/Räumung der betroffenen Bevölkerungsteile nur eine regionale Auswirkung zeigt, beispielsweise Stadtteile, einzelne Ortschaften oder Straßenzüge. In diesem Fall ist es denkbar und logistisch eine Erleichterung, speziell die Warmverpflegungen anliefern zu lassen. Großküchen sind in der Lage, große Mengen an Verpflegung binnen weniger Stunden und streng nach HACCP-Dokumentation gemäß LMHV herzustellen.

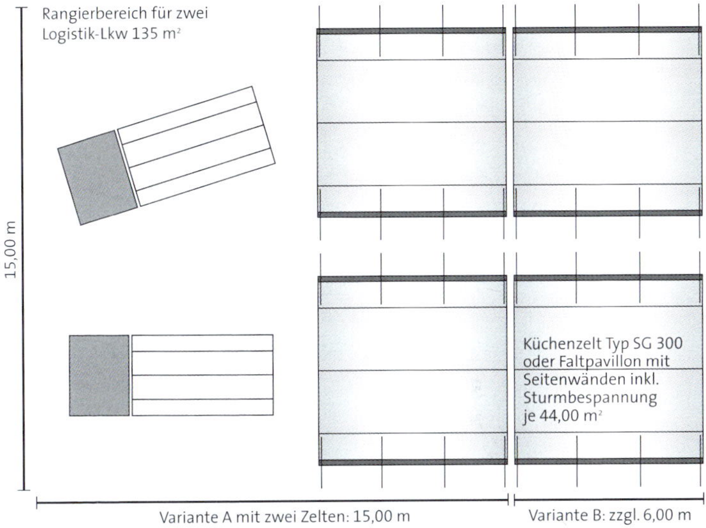

Abb. 14 ▶ Zwei Beispiele für den Aufbau eines Küchenbereichs im Außengelände mit bis zu 315 m² inkl. Rangierbereich für zwei Lkw

Der Betreuungsplatz befindet sich in einer Umgebung mit eingeschränkter oder ausgefallener Infrastruktur. Dieses Szenario liegt vor, wenn die Evakuierung/Räumung der betroffenen Bevölkerungsteile überregionale Auswirkungen hervorruft. Beispiele hierfür können Naturkatastrophen wie Überschwemmungen, anhaltende extreme Unwetterlagen, durch Erdbeben zerstörte Verkehrswege und Gebäude oder überregionale Stromausfälle sein. In diesem Fall ist eine autarke Versorgung zwingend notwendig, da davon auszugehen ist, dass umliegende Dienstleister und Lieferanten (Großhandel, Catering, Großküchen, Kantinen, Getränkelogistiker etc.) nicht in der Lage sein werden, den eigenen Betrieb sicherzustellen.

Bei der Auswahl der Lebensmittel sollte bereits bei der Planung darauf geachtet werden, dass es sich um solche handelt, die keiner Kühlung (Kühl-/Gefrierraum) bedürfen. Bei kühlpflichtigen Produkten muss auf die lückenlose Einhaltung der Kühlkette geachtet werden. Für die Zubereitung von Speisen sollte demnach auf frische und Fertigprodukte zurückgegriffen werden, die bei Raumtemperatur transportiert, gelagert und zubereitet werden dürfen.

Bei der Mengenberechnung der benötigten Lebensmittel ist zu berücksichtigen, dass ruhende Betroffene weniger Kilokalorien (kcal) täglich zu sich nehmen müssen als tätige Einsatzkräfte. Eine differenzierte Kostform ist anzustreben, um eine Über- oder Unterproduktion von Speisen zu vermeiden.

Die Leistungsbeschreibung des Funktionsbereichs Verpflegung/Küche sieht wie folgt aus:

- Lebensmittelplanung und Festlegung des Menüplans
- Warenbestellung und Wareneingangskontrolle
- Führung einer Warenbestandskartei und Betrieb einer geeigneten Lagerung
- Lebensmittelzubereitung nach geltenden Gesetzen und Verordnungen
- Kontrolle und Dokumentation aller Arbeitsabläufe nach den Grundsätzen der HACCP.

Abbildung 14 zeigt eine Stellmöglichkeit mit zwei Varianten. Variante A (225 m^2) zeigt zwei Küchenzelte bzw. Faltpavillons, ein Vorbereitungszelt und ein Zubereitungszelt mit einem Feldkochherd oder einem äquivalenten Kochgerät. Je nach Platzbedarf können die Zelte auch hintereinander in direktem Anschluss aufgestellt werden. Davor befindet sich ein Rangierplatz für Logistik- bzw. Lieferantenfahrzeuge. Dieser Bereich ist zu beschildern und abzusperren. Variante B (315 m^2) zeigt eine Stellmöglichkeit mit vier Küchenzelten, zwei Vorbereitungszelten und zwei Zubereitungszelten mit Feldkochherden oder äquivalenten Kochgeräten. Diese zweite Variante ist für die Verpflegung von 500 Betroffenen und 72 Einsatzkräften zwingend erforderlich, wenn es keine zusätzlichen Lieferanten für fertige Speisen gibt.

5.6 Technik

Der Funktionsbereich Technik stellt alle Maßnahmen sicher, die technisch für die Übernahme der Liegenschaft und für die Unterstützung und Durchführung des Einsatzes notwendig sind. Dieser Leistungsbereich ist der Logistik zugeordnet und arbeitet eng mit dem Hausmeister bzw. Objektverantwortlichen der Liegenschaft zusammen.

Der Technikbereich wird mit technisch ausgebildetem Personal besetzt. Von den eingesetzten Kräften wird ein sicherer Umgang mit Strom und Licht, Wasserversorgung und Abwasserentsorgung für die Feldkochherde, Absperrungen und Ausschilderungen sowie mit Maßnahmen des Arbeitsschutzes zur Eigensicherung der Einsatzkräfte erwartet.

Zu diesem Bereich gehören auch die Etablierung und die Überwachung eines Entsorgungskonzeptes für die Beseitigung von Abfällen in Abstimmung mit den zuständigen Behörden, insbesondere die fachmännische Entsorgung von Speiseresten, Bioabfällen und kontaminierten Pflegeprodukten sowie Ausscheidungen.

Der Personalansatz ist in der Aufbauphase des Betreuungsplatzes sehr hoch, relativiert sich in der Betriebsphase jedoch auf wenige Helfer für technische Überwachungen und Kontrollen sowie einen Notfall- und Entstörungsdienst.

Der Standort dieses Funktionsbereichs sollte nach Möglichkeit in der Nähe des Hausmeisters/Hausverwalters bezogen werden. Während des Einsatzes sind die Techniker auf

Zusammenarbeit mit ihm angewiesen. Er hat die Schlüsselgewalt für alle Räume, Tore und Türen und verfügt über Kenntnisse in der Bedienung der Heizungs- und Klimaanlage, der sanitären Anlagen sowie der Anlagen für Strom, Wasser und Abwasser und kennt die Ansprechpartner bzw. Firmen für Wartung und Instandsetzung.

Vor dem Anschluss von elektronischen Geräten an das hauseigene Netz der Liegenschaft ist die Stromversorgung durch eine Elektrofachkraft zu prüfen und zu bewerten. Im Zweifelsfall ist ein Personenschutzschalter (Portable Residual Current Device-Safety, PRCD-S) sachgerecht zu verwenden.

Die Leistungen im Funktionsbereich Technik können wie folgt zusammengefasst werden:

- Unterstützung bei der Einrichtung aller Funktionsbereiche
- Erfassung und Sicherung von Gefahrenstellen
- Beschilderung und Absperrung im Außengelände
- Ausleuchtung von Gefahrenstellen
- ggf. Betrieb von Ersatzstromerzeugern im Außengelände
- Wasserversorgung für den Küchenbereich
- Abwasserentsorgung aus dem Küchenbereich
- Bereitstellung von Fettabscheidern im Küchenbereich, wenn kein getrennter Schmutzwasserkanal vorhanden ist
- Abfallentsorgung in Abstimmung mit den zuständigen Behörden
- Überwachung aller durchgeführten Maßnahmen aus Sicht des Arbeitsschutzes.

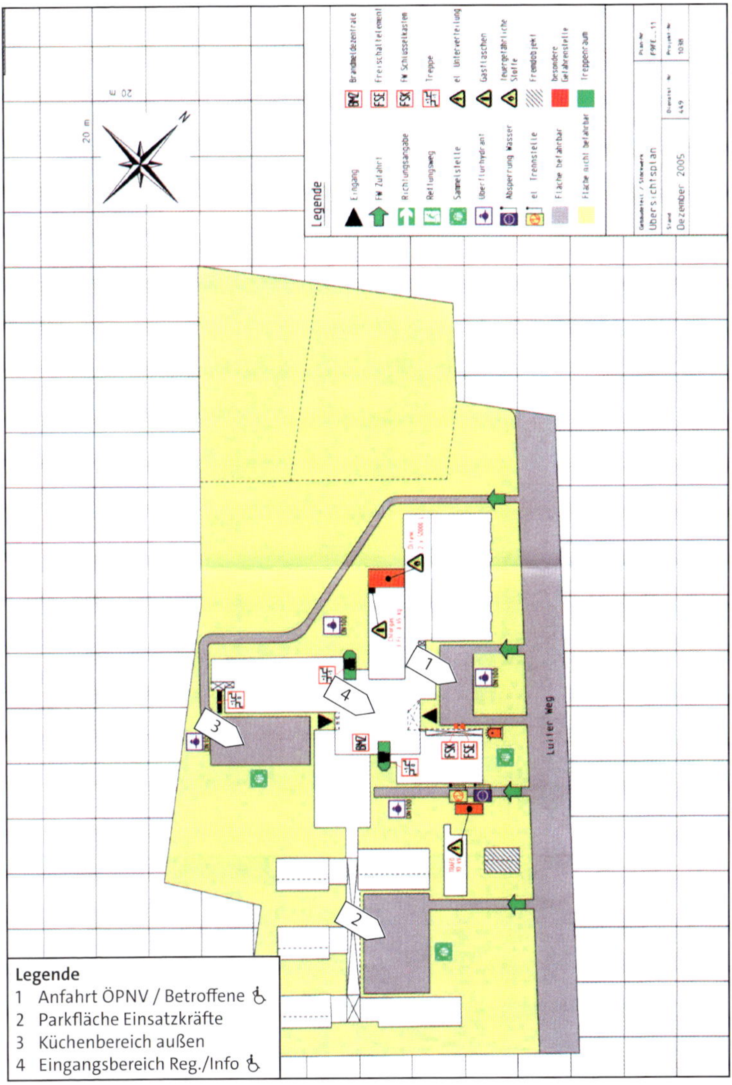

Abb. 15a ▶ Beispiel zur Ordnung des Raumes im Außenbereich einer Liegenschaft (Schule). Zur Visualisierung dient ein Brandschutzplan.

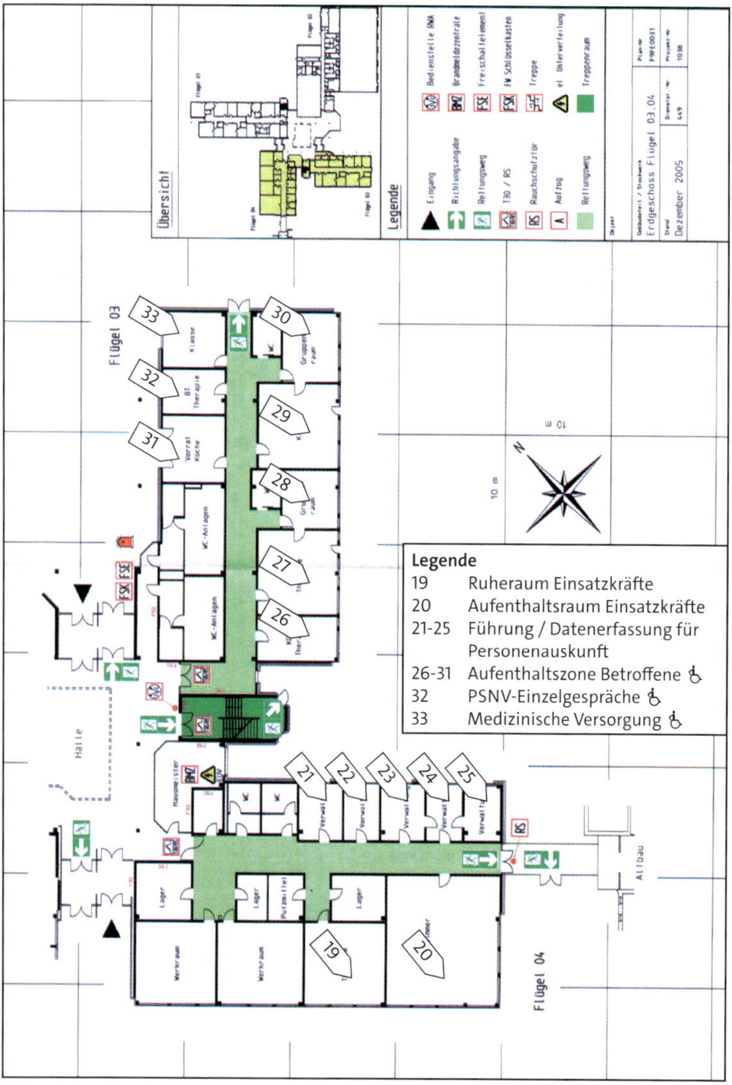

Abb. 15b ▶ Beispiel zur Ordnung des Raumes im Erdgeschoss einer Liegenschaft (Schule). Zur Visualisierung dient ein Brandschutzplan.

5.7 Personal- und Funktionsübersichten

In den nachfolgenden Tabellen wird beispielhaft der Kräfteansatz für den Betrieb von Betreuungsplätzen für 100, 250 und 500 Betroffene dargestellt. Die Darstellungen beschränken sich auf den Mindestpersonalbedarf. Zum Landeskonzept NRW für einen Betreuungsplatz 500 ergibt sich daher z. B. eine geringfügige Abweichung, da das Konzept BTP-B 500 NRW sich per Landesvorgabe zwingend auf das Personal von zwei kompletten, für diesen Zweck zu einem Verband zusammengefügten Einsatzeinheiten NRW stützt.

Jedes der Betreuungsplatzmodelle, gleich welcher Größenordnung, verfügt über mindestens einen verantwortlichen Führer bzw. Unterführer in jedem Führungs- und Funktionsbereich. Sofern mehrere Unterführer in einem Funktionsbereich angegeben sind, sind diese wegen der weiteren Untergliederung eines Bereichs notwendig (z. B. Funktionsbereich Soziale Betreuung aufgeteilt in Ruhezone, Aufenthaltszone, PSNV-Zone).

Tab. 3 ▶ Personal- und Funktionsübersicht Betreuungsplatz 100

Führungs- und Funktionsbereich	Verbandsführer	Zugführer	Arzt	Unterführer	Helfer	Gesamt (Stärke)
Führung Betreuungsplatz		1		1	2	1/1/2/4
Registrierung und Information				1	3	0/1/3/4
Medizinische Versorgung			1		2	1/0/2/3
Soziale Betreuung				1	5	0/1/5/6
Verpflegung				1	2	0/1/2/3
Technik				1	2	0/1/2/3
Gesamtübersicht		1	1	5	16	2/5/16/23

Tab. 4 ▶ Personal- und Funktionsübersicht Betreuungsplatz 250

Führungs- und Funktionsbereich	Verbands-führer	Zug-führer	Arzt	Unter-führer	Helfer	Gesamt (Stärke)
Führung Betreuungsplatz		1		1	2	1/1/2/4
Registrierung und Information				1	3	0/1/3/4
Medizinische Versorgung			1		2	1/0/2/3
Soziale Betreuung				3	12	0/3/12/15
Verpflegung				1	2	0/1/2/3
Technik				1	3	0/1/3/4
Gesamtübersicht		**1**	**1**	**7**	**24**	**2/7/24/33**

Tab. 5 ▶ Personal- und Funktionsübersicht Betreuungsplatz 500

Führungs- und Funktionsbereich	Verbands-führer	Zug-führer	Arzt	Unter-führer	Helfer	Gesamt (Stärke)
Führung Betreuungsplatz	1			2	3	1/0/2/3/6
Abschnittsführung Betreuung		1		1	2	0/1/1/2/4
Registrierung und Information				1	5	0/0/1/5/6
Medizinische Versorgung			2		2	0/2/0/2/4
Soziale Betreuung				6	28	0/0/6/28/34
Abschnittsführung Logistik		1		1	2	0/1/1/2/4
Verpflegung				2	4	0/0/2/4/6
Technik				2	6	0/0/2/6/8
Gesamtübersicht	**1**	**2**	**2**	**15**	**52**	**1/4/15/52/72**

6 Einsatzorganisation und Taktik

Stellen Sie sich folgende Situation vor: Sie sind in einem Betreuungseinsatz als verantwortliche Führungskraft mit Ihrer Einsatzformation vor einem von der Einsatzleitung zugewiesenen Gebäude bzw. einer Liegenschaft eingetroffen. Sie haben die Information, dass 500 Betroffene bei Anlaufstellen oder in einer Betreuungsstelle dringend darauf warten, in dem von Ihnen einzurichtenden Betreuungsplatz untergebracht und betreut zu werden. Jetzt liegt es an Ihnen und den Ihnen nachgeordneten Einsatzkräften, einen Ablauf und eine Struktur zu finden, diese Aufgabe in einem akzeptablen Zeitfenster und auf einem qualitativ angemessenen Niveau zu lösen.

Zur Führung und Leitung im Einsatz haben die Länder für die kommunalen Feuerwehren sowie für die Führungsstäbe auf Ebene der Kreise und kreisfreien Städte die Feuerwehr-Dienstvorschrift 100 (FwDV 100) „Führung und Leitung im Einsatz“ ministeriell eingeführt. Die privaten Hilfsorganisationen und das THW haben für ihre organisationsinternen Führungsaufgaben Dienstvorschriften erstellt, die mit der FwDV 100 weitgehend harmonisiert sind. Die Anwendung der FwDV 100, insbesondere der dort beschriebenen Elemente des Führungssystems, ist selbstverständlich auch zur Erfüllung aller Führungsaufgaben in einem Betreuungseinsatz obligatorisch. Es werden daher im Folgenden lediglich spezielle Aspekte des Einsatzablaufs und vordringliche Maßnahmen beschrieben sowie die spezifischen Führungsmaßnahmen auf einem Betreuungsplatz verdeutlicht, die zur Erfüllung des oben beschriebenen Auftrags relevant sein können.

6.1 Einsatzablauf und vordringliche Maßnahmen

Wie bereits in den vorangegangenen Kapiteln beschrieben, haben die Betroffenen existenzielle körperliche Bedürfnisse (Gesundheit, Nahrung, Schlaf, Wärme, Wohnraum etc.), wenn sie auf dem Betreuungsplatz eintreffen. Die Aufgabe des Betreuungsplatzes ist es, diesen Bedürfnissen so gut es geht und nach dem Maß der Not gerecht zu werden.

Mit der in Kapitel 4.3 beschriebenen Erkundung und Auswertung einer Liegenschaft ist bereits ein wichtiger Grundstein für den Einsatzverlauf gelegt worden. Je sorgfältiger diese Maßnahmen durchgeführt und v. a. dokumentiert werden, desto schneller wird der Betreuungsplatz einsatzbereit sein und desto reibungsloser wird der Einsatz ablaufen.

6.1.1 Bildung von Führungsstrukturen

Sobald die Einsatzformation an der Liegenschaft eingetroffen ist, richtet sie die Führungsstelle in den festgelegten Räumen ein. Nachdem die notwendige Einsatzwertermittlung für die Kräfte und die Liegenschaft stattgefunden hat, werden die Führungsstrukturen festgelegt.

Alle durchgeführten Maßnahmen, Überlegungen und Entscheidungen sowie eingehenden und ausgehenden Meldungen sind im Einsatztagebuch für spätere Auswertungen und Darlegungen gegenüber der Einsatzabschnittsleitung bzw. Einsatzleitung festzuhalten.

6.1.2 Vordringliche Betreuungsleistungen

Der Betreuungsplatz ist bedingt einsatzbereit, sobald die erwarteten Betroffenen die vorgesehenen Aufenthaltszonen aufsuchen und dort mit Getränken versorgt werden können. Folgende Maßnahmen sind vordringlich sicherzustellen:

- Errichtung der Registrierung und Information im Eingangsbereich (Zugangskontrolle des Gebäudes)
- Einrichtung der Aufenthaltszonen für die Betroffenen: Inventarisierung der Räume, Zusammenstellen der Tische und Stühle, Sicherung von evtl. vorgefundenen Wertgegenständen
- Beseitigung bzw. Beschilderung und Absperrung erkannter Gefahrenstellen, evtl. Ausleuchtung
- Ordnung des Raumes im Außenbereich: Absperrung und Ausschilderung der Parkflächen für Einsatzfahrzeuge und Fahrzeuge Betroffener, ggf. Sperrung oder Teilsperrung von Straßen und Zufahrten durch Ordnungsbehörden
- Zubereitung von Kalt-/Warmgetränken je nach Witterung und Tageszeit
- nach Meldung der Einsatzbereitschaft der vorgenannten Funktionsbereiche: Einlass der Betroffenen, Registrierung und Lenkung in die Aufenthaltszone.

6.1.3 Weitergehende Maßnahmen

Während sich die Betroffenen in der Aufenthaltszone einfinden und dort betreut werden, können weitere Funktionsbereiche eingerichtet werden, ohne die laufenden vordringlichen Maßnahmen zu beeinträchtigen oder gar Gefahren für die bereits aufgenommenen Betroffenen zu erzeugen. Im Hintergrund und für die Betroffenen nicht erkennbar werden im zweiten Schritt folgende Maßnahmen durchgeführt:

- Einrichtung der medizinischen Versorgung
- Einrichtung des Küchenbereichs
- Einrichtung der Ruhezonen für Betroffene
- Ausschilderung der Liegenschaft
- Einteilung der Einsatzkräfte in die Schichtpläne der Funktionsbereiche.

Nach Abschluss dieser Maßnahmen ziehen sich die Einsatzkräfte, die entsprechend der o. g. Planung die zweite Schicht besetzen, zurück. Sie richten die Aufenthalts- und die Ruhezone für Einsatzkräfte ein, bevor sie sich in die dienstfreie Phase begeben.

6.1.4 Maximaler Zeitansatz

Ein Betreuungsplatz ist nach den Vorgaben auf eine maximale Laufzeit von 24 Stunden ausgelegt. Sollte sich abzeichnen, dass die Betroffenen nach dieser Zeit noch nicht in ihr gewohntes Umfeld zurückkehren können, muss das Betreuungsangebot qualitativ durch zusätzliche Maßnahmen der Übergangshilfe erweitert werden. Die Betroffenen entwickeln gesteigerten Bedarf an individueller Betreuung und einem geregelten Tagesablauf. Grundsätzlich können diese erweiterten Maßnahmen zwar in der bereits als Betreuungsplatz betriebenen Liegenschaft erfolgen; es empfiehlt sich jedoch in einem solchen Fall, Jugendherbergen, Bildungseinrichtungen mit angeschlossenem Unterkunftsbetrieb oder ähnliche Liegenschaften zu nutzen. Die Infrastruktur dieser Gebäude bietet für die länger andauernde Unterbringung von Personen bessere Voraussetzungen. Sofern sich die Lage aus der Phase der Soforthilfe in eine Übergangshilfe entwickelt, sollte die Einsatzleitung auf den Bedarf an erweiterten Maßnahmen hingewiesen und eine Entscheidung über den weiteren Ablauf der Betreuung und der weiterführenden Unterbringung herbeigeführt werden.

6.1.5 Abschließende Maßnahmen des Betreuungsplatzes

Nachdem die Betroffenen den Betreuungsplatz verlassen haben, werden die Funktionsbereiche zurückgebaut. Situationsabhängig ist auch bereits ein Teilabbau möglich, sobald sich das Ende des Einsatzes abzeichnet und bestimmte betreuungsdienstliche Leistungen nicht mehr notwendig sind. Dabei ist jedoch Zurückhaltung geboten. Die in der Einrichtungsphase durchgeführte Inventarisierung dient als Checkliste bei der Wiederherrichtung der Räume in ihren Ursprungszustand. Alle Bereiche sind besenrein zu hinterlassen. Weitere Säuberungsarbeiten können nach Rücksprache mit der Schul- bzw. Liegenschaftsverwaltung und der Einsatzleitung ggf. durch professionelle Reinigungsdienste erfolgen. Schäden, die während des Betriebs entstanden sind, müssen dokumentiert und diese Dokumentation durch ein Mitglied der vorgesetzten Einsatzleitung oder durch einen autorisierten Vertreter der vor Ort zuständigen Behörde abgezeichnet werden. Eine Abschlussbegehung der Liegenschaft durch die Führungskräfte des Betreuungsplatzes beendet die Maßnahmen.

6.2 Führungsmaßnahmen

Wie bereits oben ausgeführt, sind die Anwendung dieses Führungssystems gemäß DV 100 und die konsequente Einhaltung der daraus abgeleiteten führungstechnischen Grundsätze für einen reibungslosen und kontinuierlichen Einsatzablauf auf einem Betreuungsplatz zwingend notwendig. Für die Führung eines Betreuungsplatzes sind von besonderer Bedeutung für den Einsatzablauf:

- der Aufbau einer Führungsorganisation mit klarer Festlegung der Führungsebenen und Aufgabenbereiche der Führungskräfte
- die klare Festlegung und Nutzung der Führungsmittel zur Informationsgewinnung, Informationsverarbeitung und Informationsübertragung
- die Beachtung des Befehls- und Meldeschemas zur Sicherstellung der Kommunikation und des Informationsflusses.

Der Betreuungsplatz ist eine Einsatzstruktur, die sich aufgrund der Nutzung der baulichen Gegebenheiten häufig auf einen räumlich ausgedehnten und nicht leicht überschaubaren Einsatzbereich erstreckt. Die Gebäudearchitektur trennt die Funktionsbereiche und verteilt sie u. U. weitläufig über Räume, Flure, Etagen oder gar verschiedene Gebäude und über das Außengelände einer Liegenschaft. Anders als bei einer Patientenablage, einem Bereitstellungsraum oder einem Behandlungsplatz kann zwischen den Funktionsbereichen häufig kein Sichtkontakt hergestellt werden. Ein diszipliniertes Einsatzverhalten aller auf einem Betreuungsplatz eingesetzten Helfer und Führungskräfte ist daher in besonderem Maße entscheidend für den Einsatzerfolg.

6.2.1 Führungsvorgang

Der in der DV 100 beschriebene Führungsvorgang ist ein abstraktes Modell, das Führungskräfte in bestimmten Situationen anwenden, um zu einer möglichst rationalen Führungsentscheidung zu kommen. Die konsequente Anwendung des Führungsvorgangs als stetiger Kreislauf stellt sicher, dass Maßnahmen vor ihrer Anordnung erst beurteilt und geplant werden. Meldungen aus den Funktionsbereichen ermöglichen es, den Bedarf an Maßnahmen festzustellen. Die Durchführung wird fachdienstlich beraten, geplant und entschieden. Anschließend werden die durchgeführten Maßnahmen kontrolliert und erneut bewertet, um festzustellen, ob eine Nachsteuerung eingeleitet werden muss.

Dieses auch als Regelkreis beschriebene Modell ist sehr komplex und in seiner Handhabung keineswegs einfach. Für den Einsatz eines Betreuungsplatzes soll daher an dieser Stelle der Ablaufplan eines Führungsvorgangs nachvollzogen werden.

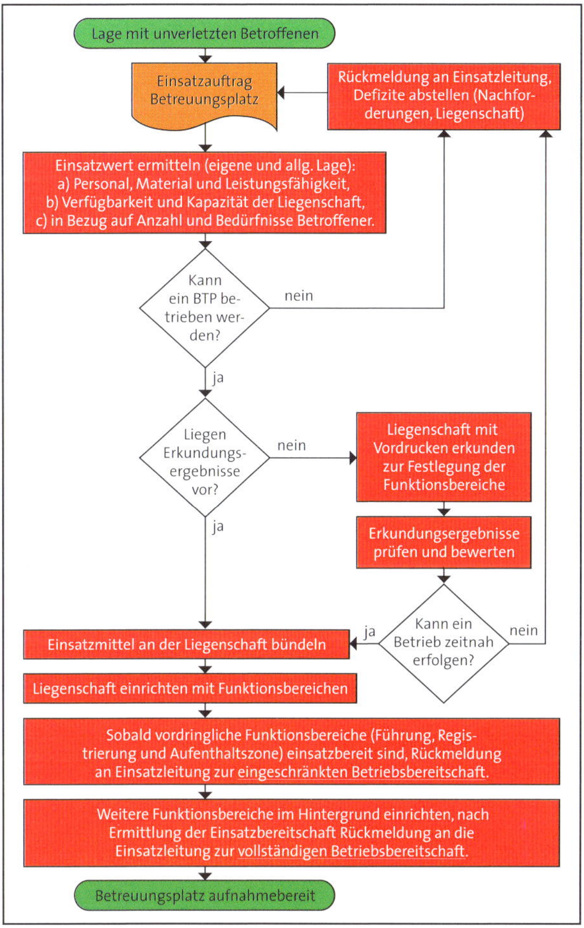

Abb. 16 ▶ Der Ablaufplan des Führungsvorgangs für die Einrichtung eines Betreuungsplatzes

6.2.2 Führungsorganisation

Die Struktur eines Betreuungsplatzes ist in Kapitel 5 ausführlich beschrieben. Aus dieser ergibt sich, dass für jeden

Funktionsbereich eine verantwortliche Führungskraft bestimmt und das Unterstellungsverhältnis festgelegt wird. Die Beachtung dieser geordneten Hierarchieebenen und zugewiesenen Kompetenzen soll sicherstellen, dass keine Maßnahmen eingeleitet werden, die den Einsatzverlauf auf dem Betreuungsplatz behindern oder ihm zuwiderlaufen. Beispielsweise wäre es kontraproduktiv, wenn Verpflegung nur für den Bedarf einzelner Betroffener zubereitet würde und somit Verpflegungskräfte unnötig gebunden würden. Auch wäre es fatal, die Raumbelegung und Raumnutzung eigenmächtig innerhalb eines Funktionsbereichs zu ändern, ohne mit der Registrierung und der übergeordneten Führung Rücksprache zu halten, denn bislang noch ungenutzte Räume könnten für andere Aufgaben vorgesehen sein.

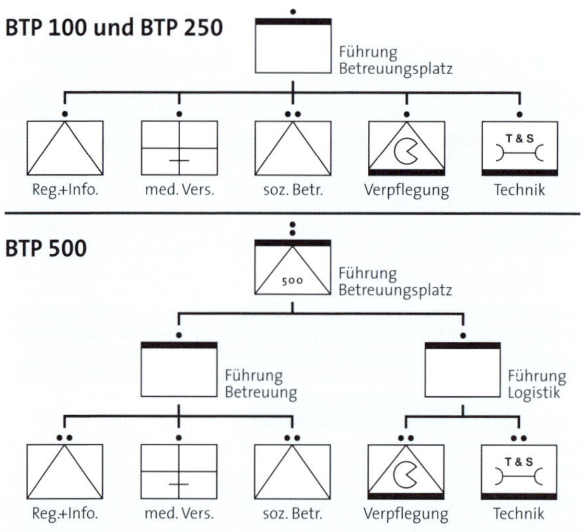

Abb. 17 ▶ Modelle der Führungsstruktur. Damit die eigene Lage bei größeren Betreuungsplätzen überschaubar bleibt, wird eine zusätzliche Führungsebene zwischen der Führung BTP und den Funktionsbereichen geschaltet.

7 Ausstattungsempfehlungen

Die nachfolgenden Ausstattungsempfehlungen sind ein Anhaltspunkt dafür, welcher Material- und daraus resultierende Logistikaufwand mit der Einrichtung und dem Betrieb eines Betreuungsplatzes verbunden sind. Insbesondere für den Transport des Materials ist eine Übersicht über Menge und Gewicht zwingend notwendig.

7.1 Notwendigkeit der Vorhaltung

Ein Betreuungsplatz ist zunächst dafür ausgelegt, über einen Zeitraum von bis zu 24 Stunden die Grundbedürfnisse Wohnraum, Wärme, Gesundheit, Schlaf und Nahrung der Betroffenen zu stillen. Um dies zu ermöglichen, bedarf es einer geeigneten Liegenschaft als Unterkunft, ausreichenden Führungs- und Funktionspersonals und des für die Erbringung der Leistungen benötigten Materials.

Folgende Fragen helfen bei der Ermittlung des selbst vorzuhaltenden Materials:

- Wie viel nutzbares Material (Tische, Stühle, Liegemöglichkeiten, Trennwände etc.) ist in der zugewiesenen Liegenschaft bereits vorhanden?
- Welche verbindlichen und jederzeit aktivierbaren Absprachen mit örtlichen Zulieferern (Großküchen, Kantinen, Lieferanten für Einwegmaterial etc.) sind getroffen?
- Welche Forderungen stellt die zuständige KatS-Behörde hinsichtlich eines autarken Einsatzes im Rahmen der überörtlichen Hilfe?

7.2 Materialbedarf zum Betrieb

Das im Folgenden aufgelistete Material stellt eine Empfehlung für den autarken Betrieb eines Betreuungsplatzes dar. Die Zusammenstellung beruht auf Einsatzerfahrungen und auf dem betreuungsdienstlichen Grundsatz „Hilfe nach dem Maß der Not". Nur solche Gebrauchs- und Verbrauchsgüter werden darin verplant, die für die Befriedigung der Grundbedürfnisse der Betroffenen sowie für den strukturellen Betrieb des Betreuungsplatzes benötigt werden. Dieser Ansatz muss ggf. erweitert bzw. aufgestockt werden, wenn die Soforthilfe zeitlich überschritten werden sollte und Maßnahmen der Übergangshilfe notwendig werden. Lebensmittel für die Zubereitung von Speisen und Getränken sind im Folgenden nicht aufgelistet. Da es ratsam ist, auf frische und Convenience-Produkte zurückzugreifen, ist der Speiseplan abhängig von den Mitteln, die lokal und saisonal zur Verfügung stehen.

Tab. 6 ▶ Funktionsbereich Führung

Artikelbezeichnung und Ausführung	BTP 100	BTP 250	BTP 500
Bürokiste mit Inhalt bestehend aus Stiften, Locher, Tacker, Büropapier, Aktenordner, Schnellhefter, Klebeband, Taschenlampe, Nadeln für Pinnwände etc.	1	1	1
Taschenlampe mit oder ohne Batterie (keine Kerzen o. Ä.)	2	4	6
Aushang (Schild DIN A3) „Führung BTP"	1	1	2
Aushang (Schild DIN A3) „Eintritt nur nach Aufforderung"	1	1	2
Aushang (Schild DIN A3) „Führung Betreuung"	-	-	1
Aushang (Schild DIN A3) „Führung Logistik"	-	-	1
Aushang (Schild DIN A3) „Fernmeldebetriebsstelle"	-	1	1

Megafone mit Ersatzbatterien	1	1	2
Sanitätstasche (für die Erste Hilfe vor Ort)	1	1	1
Stellwände mit ausreichendem Befestigungsmaterial, klappbar, Schreib-/Pinnfläche ca. 100 × 100 cm	2	4	6
Telekommunikationsanlage (DECT-Telefonanlage)	ggf.	ggf.	ggf.

Tab. 7 ▶ Funktionsbereich Registrierung und Information

Artikelbezeichnung und Ausführung	BTP 100	BTP 250	BTP 500
Satz Registrierunterlagen nach Landesvorgabe, möglichst Durchschreibsätze, zzgl. Kennzeichnungsmaterial (z. B. farbige Armbänder)	110	275	550
Karteikasten DIN A6 für die Durchschläge, Aufschrift „Registriert“	2	3	6
Karteikasten DIN A6 für die Durchschläge, Aufschrift „Personenauskunft“	2	3	6
Karteikasten DIN A6 für die Durchschläge, Aufschrift „Begleitkarte für Betroffene“	2	3	6
Kugelschreiber mit schwarzer oder blauer Mine	10	25	50
Notizblöcke DIN A4	1	2	3
Meldeblock, Zweifach-Vordruck, DIN A5	1	1	1
Taschenlampe mit oder ohne Batterie (keine Kerzen o. Ä.)	2	4	6
Aushang (Schild DIN A2) „Bitte registrieren Sie sich hier“	1	2	3
Aushang (Schild DIN A2) „Informationen“	1	2	3
Aushang (Schild DIN A2) „Rauchverbot“	1	2	3
Absperrstangen mit Standfüßen	6	12	18
Rolle Absperrband 500 m, alternativ PVC-Gliederketten	1	1	1
Sanitätstasche für die Erste Hilfe vor Ort (gemäß DIN 13160)	1	1	1

Megafone mit Ersatzbatterien	1	1	1
Stellwände mit ausreichend Befestigungsmaterial, klappbar, Schreib-/Pinnfläche ca. 100 × 100 cm	1	2	3

Tab. 8 ▶ Funktionsbereich Medizinische Versorgung

Artikelbezeichnung und Ausführung	BTP 100	BTP 250	BTP 500
Krankentrage mit Tragegurten (DIN 13024, Teil 2)	3	3	3
Einmaldecken	6	12	12
Meldeblock, Zweifach-Vordruck, DIN A5	1	1	1
Infusionsständer	1	1	1
Kiste medizinische Hygiene	1	1	1
Kiste Erstversorgung	1	1	1
Kiste Ruheplatz	1	1	1
Tasche mit Sauerstoffflasche	1	1	1
Kugelschreiber mit schwarzer oder blauer Mine	2	2	4
Taschenlampe mit oder ohne Batterie (keine Kerzen o. Ä.)	1	1	1
Mülleimer mit Rolle Müllbeutel	1	1	1
Aushang (Schild DIN A2) „Eintritt erst nach Aufforderung“	1	1	1
Aushang (Schild DIN A2) „Ärztliche Behandlung“	1	1	1
Aushang (Schild DIN A2) „Bitte warten Sie hier“	1	1	1

Tab. 9 ▶ Funktionsbereich Soziale Betreuung – Aufenthaltszone

Artikelbezeichnung und Ausführung	BTP 100	BTP 250	BTP 500
Satz Kinderspielzeug, bestehend aus Malbüchern, Buntstiften, einfachen Brett- und Kartenspielen	1	2	4
Spielesammlung, bestehend aus einfachen Brett- und Kartenspielen für Erwachsene, Würfeln mit Knobelbecher	2	5	10
Aushang (Schild DIN A3) „Aufenthaltsraum“	3	8	15
Satz Nähzeug (Fäden und Nadeln)	1	2	4

Tab. 10 ▶ Funktionsbereich Soziale Betreuung – persönliche Hygiene

Artikelbezeichnung und Ausführung	BTP 100	BTP 250	BTP 500
Hygienebeutel zur Aufbewahrung persönlicher Hygieneartikel	100	250	500
Reisezahnbürste mit 5 g Zahnpasta	90	225	450
Einwegwaschlappen	110	275	550
Plastikkamm	90	225	450

Tab. 11 ▶ Funktionsbereich Soziale Betreuung – Wasch-/WC-Raum/Pflegeunterstützung

Artikelbezeichnung und Ausführung	BTP 100	BTP 250	BTP 500
Toilettenbürste mit Halterung aus PVC	4	10	20
WC-Papier (Rolle)	25	75	125
Papierhandtücher	1.000	2.500	5.000
Desinfektionsmittel, gebrauchsfertig, 1 l, mit Sprühknopf	4	10	20
Flüssigseife im Behälter mit Pumpknopf, 1 l	8	20	40
Instant-Waschmittel, gebrauchsfertig aus der Tube, 0,25 l	2	5	10

Tampons in verschiedenen Größen, Paket à 32 Stück	1	2	4
Monatsbinden (Slipeinlagen), Paket à 20 Stück	1	2	4
Gepolsterte Wickelunterlagen für Säuglinge	1	1	4
Einwegdecken (bekannt aus dem Rettungsdienst) zum hygienischen Schutz der Wickelunterlagen für Säuglinge	10	25	50
Windeleimer, stapelbar, inkl. je eine Rolle Müllbeutel	1	2	4
Windelhosen für Babys, div. Größen, Paket à 24 Stück	1	2	4
Nachttopf für Kinder	1	2	4
Hygieneset für Säuglinge (Babyöl, Feuchttücher, Hautcreme, Waschlotion)	3	8	15
Urinflaschen (inkl. Adapter)	40	104	200
Steckbecken	15 (40)	39 (104)	74 (200)
Inkontinenzeinlagen für Senioren, Paket à 10 Stück	2	5	10
Inkontinenzhosen	25	65	125
Inkontinenzvorlagen	15–25	39–65	75–125
Feuchte Waschlappen (Paket)	10	26	50
Einmalunterlagen	15	39	75
Einnahmebecher mit Deckel	10	26	50
Strohhalme	20	52	100
Schutzlätzchen	15	39	75
Patienteneigentum-Taschen	5	13	25
Kissen	5	13	25

Decken	10	26	50
Rote Müllsäcke (Rolle)	1	1	2
Granulat zum Binden von Flüssigkeiten	50	130	250
Handschuhe (Paket)	1	2	4
Händedesinfektion groß	2	4	8
Händedesinfektion klein	12	24	48

Tab. 12 ▶ Funktionsbereich Soziale Betreuung – Ruhezone

Artikelbezeichnung und Ausführung	BTP 100	BTP 250	BTP 500
Feldbett, Ausführung Aluminiumrahmen mit Polyesterbezug oder Ausführung Holzrahmen mit Baumwollgewebe oder Metallrahmen mit Bezug aus Polypropylen	15	38	75
Mobiles Pflegebett (Liege-/Arbeitshöhe etwa 75 cm, mit breiter Liegefläche, verstellbarem Kopfteil, Gitter zum Schutz vor Herausfallen an beiden Seiten mit Schnellabnahme, lenkbaren und feststellbaren Rollen)	5	13	25
Luftmatratze, alternativ Schlafsack mit Isoliermatte	20	50	100
Luftpumpe für Luftmatratze, entfällt bei Schlafsack	2	5	10
Kinderbett, Ausführung Reisebett, faltbar	3	8	15
Einwegauflage für Liegemöglichkeiten aller Art	110	275	550
Einwegdecke, alternativ Wolldecke	110	275	550
Einwegkopfkissen	110	275	550
Aushang (Schild DIN A3) „Ruheraum / Bitte leise eintreten“	3	8	15
Taschenlampe mit oder ohne Batterie (keine Kerzen o. Ä.)	3	8	15

Tab. 13 ▶ Funktionsbereich Soziale Betreuung – Raumreinigung

Artikelbezeichnung und Ausführung	BTP 100	BTP 250	BTP 500
Schutzhandschuhe zur Desinfektion, Paket à 100 Stück	1	2	4
Flächendesinfektionsmittel, 5 l	1	2	4
Messbecher, 1 l, Desinfektionsmittel zur Dosierung	1	2	4
Putzeimer, 10 l	2	5	10
Putzlappen	2	5	10
Bodenwischer mit Wischüberzug	2	5	10
Besen mit Stil	2	5	10
Kehrblech mit Besen	2	5	10
Müllbeutel, Rolle à 50 Beutel, 70 l	1	2	4
Abfallbehältergestell, zerlegbar	2	5	10

Tab. 14 ▶ Funktionsbereich Verpflegung

Artikelbezeichnung und Ausführung	BTP 100	BTP 250	BTP 500
Feldkochherd oder äquivalentes Kochgerät	1	1	2
Hockerkocher mit Anschlussschlauch, Druckminderer, Zündsicherung und Schlauchbruchsicherung	1	2	2
Küchenzelt oder Pavillon mit Seitenwände (etwa 36 m²), mit abwaschbarer Zeltplane aus Polyestergewebe, schwer entflammbar nach DIN 4101 B1, Dachentlüftung, Schornsteindurchlass (feuerfest) mit Außenklappe	1	1	2
Mittel für die Zubereitung und Ausgabe von Speisen und Getränken (Transportbehälter für Warmspeisen [Thermophoren 20 bzw. 30 l, Gastronorm-Behälter], Edelstahl-Schöpfkellen, Zangen, Schneidebretter und Satz Messer, Dosenöffner, Handtücher etc.)*	Für 100 Betroffene zzgl. 23 Einsatzkräfte	Für 250 Betroffene zzgl. 33 Einsatzkräfte	Für 500 Betroffene zzgl. 72 Einsatzkräfte
Tischdecken, abwaschbar, für die Verpflegungsausgabe, Rolle zu 20 m	1	1	2
Wasserschlauchsatz inkl. Verteilsystem, geeignet zur Desinfektion, trinkwassergeeignet, unterschiedliche Kupplungen	1	1	2
Wasserkanister, 20 l, trinkwassergeeignet	2	2	4
Einkaufsklappbox	2	5	10
Waschwanne, stapelbar	2	5	10
Spül-/Reinigungsbedarf (Spülmittel, Schwämme, Bürsten, Lappen), Satz	1	2	4
Trinkbecher, nachhaltig, 300 ml, dickwandig und spülbar für den mehrmaligen Gebrauch	100	250	500
Einwegteller, tief, nachhaltig	200	500	1.000
Einwegbesteck (Gabel, Messer, Esslöffel), nachhaltig	200	500	1.000
Papierservietten	400	1.000	2.000
Plastikeimer, 10 l, universell einsetzbar	5	5	10
Wasserkocher, 230 V elektrisch	2	3	5

* Die Position „Mittel für die Zubereitung und Ausgabe von Speisen und Getränke" ist nicht näher definiert, da dies davon abhängig ist, welche Lebensmittel für die Betroffenen und die Einsatzkräfte verplant werden.

Tab. 15 ▶ Funktionsbereich Technik

Artikelbezeichnung und Ausführung	BTP 100	BTP 250	BTP 500
Plattformwagen mit Klappbügel, zweiachsig	1	2	4
ggf. Palettenhubwagen mit großen Rollen	1	1	1
Ersatzeuropalette	1	1	1
Schilderhalter mit Standfüßen	15	20	30
PVC-Schilder, weiß, ohne Beschriftung, DIN A2	10	14	20
Ölkreide bzw. Permanentmarker, schwarz, zum Beschriften der Schilder, 1 Verpackungseinheit = 5 Stück	1	1	1
Metallschild nach StVO „Halteverbot“	2	2	3
Metallschild nach StVO „Einfahrt freihalten“	2	2	4
Metallschild nach StVO „Parken“	1	2	3
Absperrstangen mit Standfüßen	6	8	12
Rolle Absperrband, 500 m	1	1	2
Pulverfeuerlöscher, ABC, 5 kg	1	2	4

7.3 Logistische Aspekte

Die in den Tabellen 6–15 beschriebene materielle Vorhaltung bedingt die Lagerung, die Wartung und Pflege sowie den Transport des Materials zum einzurichtenden Betreuungsplatz. Nachdem der Materialbedarf ermittelt worden ist, werden die Beschaffung und die Lagermöglichkeiten (Platzbedarf der Stellflächen, Raumklima und Verfügbarkeit sowie Zugangsberechtigung) geklärt. Für die Finanzierung der Beschaffung kommen die Träger der Gefahrenabwehr bzw. des Katastrophenschutzes sowie die Hilfsorganisation selbst in Betracht. Bei der Lagerlogistik ist zu berücksichtigen, dass mit möglichst wenig Personalaufwand in möglichst kurzer Zeit das benötigte Material dem Betreuungsplatz zugeführt werden soll. Hierzu eignen sich zwei Modelle.

Materialvorhaltung im Lager. Eine organisierte und strukturierte Lagerung auf Paletten und in beschrifteten Kisten, gestapelt in Schwerlastregalen. Nach Alarmierung werden die Verpackungseinheiten in Lkw oder Abrollbehälter für

Abb. 18 ▶ Materialvorhaltung im Lager: Verladung auf einen Lkw mit Ladebordwand und auf einen Wechsellader aus der Stadt Krefeld

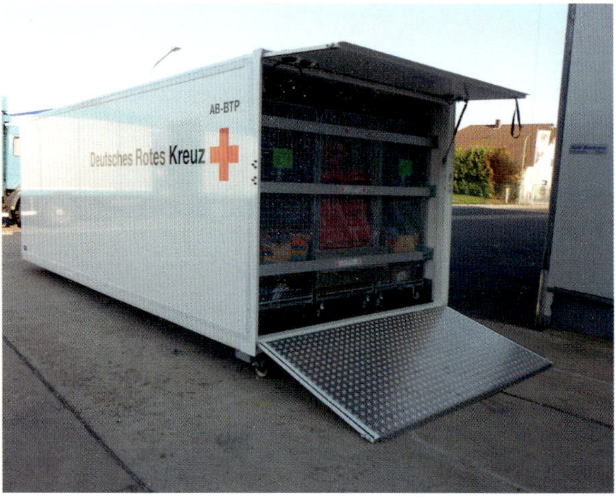

Abb. 19 ▶ Abrollbehälter-Betreuungsplatz (AB-BTP) aus dem Kreis Euskirchen, ausgelegt für 500 Betroffene

Wechselladerfahrzeuge eingeladen. Der Vorteil hierbei ist die Flexibilität in der Zusammenstellung des Materials, da nur jenes Material verlastet wird, welches benötigt wird. Des Weiteren müssen keine Fahrzeuge beladen und ausschließlich für diesen Zweck vorgehalten werden. Nachteilig ist der zusätzliche Zeit- und Personalaufwand, der benötigt wird, um die Abmarschbereitschaft der Fahrzeuge herzustellen.

Abbildung 18 zeigt eine Möglichkeit der Materialvorhaltung im Lager. Die Archivierung erfolgt auf Paletten und in Kisten in Hochregalen. Mit einem Gabelstapler wird das für den Einsatz benötigte Material in den Lkw oder auf den Wechsellader verlastet. Am Einsatzort eingetroffen, werden die Verpackungseinheiten mithilfe eines Hubwagens und einer am Lkw installierten Ladebordwand abgelastet.

Abb. 20 ▶ Detailansicht: Alle Güter sind auf Rollwagen staubgeschützt verladen und gesichert (DRK Euskirchen).

Materialvorhaltung in (Spezial-)Fahrzeugen. Das Material ist fertig verlastet in Lkw mit Ladebordwand, in Abrollbehältern (Abb. 19/20) oder in Wechselladerbrücken. Der Vorteil dieses Modells ist die schnelle Verfügbarkeit des Materials am Einsatzort, denn die Fahrzeuge stehen dauerhaft zum Einsatz bereit. Der Nachteil ist der Beschaffungs- und sonstige Vorhaltungsaufwand, da diese Fahrzeuge eigens für einen Betreuungseinsatz bestimmt sind.

8 Prognosen und Ausblicke

In diesem Kapitel werden der Blick auf die zukünftige Entwicklung im Betreuungsdienst gerichtet und Gedankenspiele zur fachlich-inhaltlichen Ausrichtung des Betreuungsdienstes im Zusammenhang mit zukünftig zu erwartenden Bedrohungslagen sowie vor dem Hintergrund des gesellschaftlichen Wandels vorgestellt. Diskutiert wird, ob sich aus veränderten Rahmenbedingungen neue Einsatzoptionen ergeben und sich daraus ein anderes Anforderungsprofil für den Betreuungsdienst ableiten lässt. Auch auf bereits bestehende, aber nach wie vor nicht abgeschlossene „Baustellen" im Betreuungsdienst wird hier eingegangen.

8.1 Status quo

Der Betreuungsdienst ist nach seiner derzeitigen logistischen und einsatztaktischen Ausrichtung in Einsatzeinheiten, Betreuungszügen und Schnell-Einsatz-Gruppen mit einer jeweils festgelegten Anzahl von Helfern, die über die entsprechende Ausrüstung verfügen, organisiert. Diese Einheiten setzen sich – wie die anderen Katastrophenschutzeinheiten – aus ehrenamtlichen Helfern zusammen und werden von den anerkannten Hilfsorganisationen aufgestellt. Ein umfassender Überblick über Art und Umfang der tatsächlich durchgeführten Einsätze des Betreuungsdienstes in Deutschland liegt nicht vor, zumindest sind keine Veröffentlichungen bekannt. Deshalb kann hier nur aus eigener Anschauung der Verfasser festgestellt werden, dass der Betreuungsdienst bei folgenden Szenarien zum Einsatz kommt:

- Evakuierung bzw. Räumung und vorübergehende Unterbringung von Menschen bei einer Bomben-

entschärfung oder bei Lagen mit Freisetzung von Gefährlichen Stoffen und Gütern (GSG-Lagen)
- Versorgung und Betreuung von Menschen bei extremen Witterungsbedingungen (z. B. Verkehrsstaus nach massivem Schneefall)
- Unterbringung und Verpflegung von Menschen wegen eines Brandes oder wegen Hochwassers
- Versorgung der Betroffenen bei Bahnunfällen oder Busunglücken
- Verpflegungseinsätze (Einsatzverpflegung und Veranstaltungsbetreuung).

Am häufigsten werden Verpflegungseinsätze durchgeführt, gefolgt von Einsätzen im Betreuungsmanagement. Erst an letzter Stelle kommt der Betreuungsdienst bei der Unterstützung vorhandener Einrichtungen und Dienste zum Einsatz.

8.2 Bevölkerungs- und Gesundheitsentwicklung

Bereits in Kapitel 2 wurde auf die aktuelle altersspezifische Verteilung unter den Betroffenen und die sich daraus ergebenden Anforderungen an den betreuungsdienstlichen Einsatz eingegangen. Hier soll nun erörtert werden, welchen Einfluss der Altersaufbau der Bevölkerung und die Haushaltsgrößen auf den Betreuungsdienst haben können.

Während die Geburtenrate in Deutschland abnimmt, steigt die Lebenserwartung beständig an. Die Lebenserwartung der Männer liegt heute bei 78,5 Jahren, die der Frauen bei 83,4 Jahren. Bis ins Jahr 2050 wird ein Anstieg auf 83 Jahre bei Männern und auf 88 Jahre bei Frauen erwartet. Das Durchschnittsalter der Bevölkerung wird aufgrund der steigenden Lebenserwartung und der sinkenden Geburtenzahl von derzeit 44,6 Jahren auf etwa 48 Jahre in der nächsten Generation ansteigen. In 20 bis 30 Jahren werden dann voraussichtlich bereits mehr Menschen zwischen 60 und 80 Jahre alt sein als zwischen 20 und 40. Vor allem die bislang größte mittlere Altersgruppe, die der 35- bis 49-Jährigen, wird deutlich abnehmen. Durch eine erwartete Nettozuwanderung aus dem Ausland wird die Bevölkerung zwar insgesamt wieder etwas verjüngt, der geschilderte Trend wird dadurch jedoch nicht gebrochen.

Analysen zum demografischen Wandel kommen darüber hinaus zu der Erkenntnis, dass die Haushalte in Deutschland immer kleiner werden. Die Einpersonenhaushalte überwiegen bereits heute alle anderen Haushaltsgrößen, gefolgt von Zweipersonenhaushalten, während Haushalte mit drei und mehr Personen ständig abnehmen. Dieser Trend wird sich in den nächsten Jahrzehnten fortsetzen. Auch leben stets mehr ältere Menschen allein. Hinzu kommt ein deutlicher Rückgang der Lebensmittelbevorratung in den Privathaushalten, der nicht zuletzt im Kontext der ständigen Verfügbarkeit von Lebensmitteln in Supermärkten und Einkaufszentren zu sehen ist. Mit der Anonymisierung der Bevölkerung in den urbanen Zentren geht zusätzlich ein Verlust an Verantwortung für Hausbewohner und Nachbarn im näheren Wohnumfeld einher.

Für den Betreuungsdienst bedeutet dies, dass er sich bei Einsätzen auf immer älter werdende, häufig kranke oder pflegebedürftige sowie immobile Hilfsbedürftige einstellen muss. Es bedeutet aber auch, dass die zur Verfügung stehenden Helfer ein höheres Durchschnittsalter und damit eine eingeschränkte körperliche Leistungsfähigkeit haben werden. Der Stellenwert von Selbst- und Nachbarschaftshilfe wird für die Bereitstellung des Hilfeleistungspotenzials durch den Betreuungsdienst neu zu bewerten sein.

Die beschriebene demografische Entwicklung wird auch zur Folge haben, dass die Zahl der Pflegebedürftigen zukünftig deutlich ansteigen wird. Dabei ist neben der Pflege in stationären Einrichtungen des Gesundheitswesens auch zu berücksichtigen, dass ein großer Anteil der Pflegebedürftigen von ambulanten Pflegediensten oder im Rahmen der Familienpflege zu Hause versorgt werden wird.

Für die Entwicklung im Betreuungsdienst muss daher bedacht werden, dass bei Katastrophen immer mehr Menschen zu betreuen sein werden, die nicht erst aufgrund des Ereignisses hilfebedürftig werden, sondern bereits vorher erkrankt oder pflegebedürftig waren und für die nunmehr eine besondere Hilfebedürftigkeit besteht. Hier sind zum einen Schnittstellen zu den bestehenden Einrichtungen und Diensten der Pflege zu definieren, zum anderen muss auch überlegt werden, ob und inwieweit eine operative Unterstützung und Ergänzung dieser professionellen Arbeitsfelder durch Helfer des Betreuungsdienstes oder die Einbeziehung und Anleitung von Laienhelfern bei derartigen Szenarien zu den zukünftigen Aufgaben des Betreuungsdienstes gehören werden.

8.3 Verfügbarkeit von Einsatzkräften

Neben den sozialen und gesellschaftlichen Veränderungen beeinflusst auch die Verfügbarkeit von Einsatzkräften die zukünftige Ausgestaltung des Betreuungsdienstes. Die Auswirkungen der demografischen Entwicklung, der Globalisierung, des gesellschaftlichen Wertewandels, der ständig steigenden Vielfalt an Konkurrenzangeboten bezüglich des bürgerschaftliches Engagements und die sinkende Bereitschaft, sich in traditionellen Tätigkeitsfeldern längerfristig ehrenamtlich zu engagieren, sind in zahlreichen wissenschaftlichen Beiträgen ausführlich beschrieben worden. Die Fülle der Daten, Analysen und Prognosen kann und soll an dieser Stelle nicht wiedergegeben werden. Nur so viel sei gesagt:

Es lässt sich ein Trend zu einem Rückgang an längerfristig aktiven Einsatzkräften für den Katastrophenschutz ableiten sowie ein Mangel an Nachwuchs erwarten. Gleichzeitig scheint jedoch die Bereitschaft vorhanden zu sein, sich kurzfristig und ereignisbezogen zu engagieren. Der Betreuungsdienst muss dies im Rahmen seiner Zukunftsausrichtung berücksichtigen. Denkbar sind hierbei die Weiterentwicklung bestehender oder die Entwicklung neuer Konzepte zur Einbindung der Bevölkerung in die Hilfeleistung. Als Beispiel ist hier das im Jahr 2007 vom Österreichischen Roten Kreuz und dem Radiosender „Hitradio Ö3" gestartete Projekt „Team Österreich" zu nennen. Ziel dieses Projekts ist es, möglichst viele Menschen zur Mithilfe bei Katastrophen zu bewegen. Dazu kann sich jeder auf einer Internetseite registrieren, seine Leistungen und besonderen Fähigkeiten (z. B. Fremdsprachen) bekannt geben und sich bereit erklären, freiwillig und unentgeltlich zu helfen. Im Ernstfall können somit die Einsatzformationen durch eine große Anzahl von zusätzlichen freiwilligen Helfern unterstützt werden, die per SMS oder App alarmiert wird. Bis zum Jahr 2020 waren ca. 85.000 Helfer im „Team Österreich" angemeldet.

Die Einbindung von Laien in die operativen Hilfeleistungsmaßnahmen erfordert jedoch auch eine besondere, bisher nicht eingeführte Schulung der Einsatz- und Führungskräfte, denn sie müssen zur Einbindung und Anleitung von ungeschulten Hilfskräften befähigt werden.

8.4 Veränderte Bedrohungsszenarien

Spätestens seit unter dem Begriff der *Kritischen Infrastrukturen (KRITIS)* die Folgen eines Ausfalls oder die nachhaltige Beeinträchtigung von Institutionen und Einrichtungen mit wichtiger Bedeutung für das staatliche Gemeinwesen diskutiert werden und der Bund ein Basiskonzept zum Schutz kritischer Infrastrukturen entwickelt hat, muss sich auch der Betreuungsdienst auf veränderte Schadens- und Gefahrenszenarien einstellen.

Als Beispiele möglicher Bedrohungslagen hat das „Zukunftsforum Öffentliche Sicherheit“ für sein Grünbuch die beiden Schlüsselszenarien Stromausfall und Seuchengeschehen in Deutschland für seine Betrachtung ausgewählt. Andere Katastrophenforscher stellen das Thema Klimawandel in den Mittelpunkt ihrer Überlegungen. Die genannten Szenarien sind aufgrund der Vergleichbarkeit gewisser Strukturen und Auswirkungen geeignet, neue generelle Einsatzoptionen für den Betreuungsdienst zu eröffnen, und werden daher nachfolgend näher erörtert.

8.4.1 Beispiel Stromausfall

Die ungeheure Fülle wechselseitiger Abhängigkeiten beim Ausfall der Stromversorgung kann an dieser Stelle nicht umfassend dargestellt werden. Für den Betreuungsdienst gilt in erster Linie – wie für alle Einheiten und Einrichtungen der öffentlichen Gefahrenabwehr auch –, dass er durch entsprechende Vorbereitungsmaßnahmen vom Stromausfall unabhängig, also arbeitsfähig, bleibt. Der Betreuungsdienst wird neben der Unterstützung von Sozialstationen und anderen karitativen Einrichtungen, Pflegeheimen u. ä. insbesondere bei der Verpflegungszubereitung und der Verteilung von Speisen und Getränken benötigt werden. Auf ein entsprechendes Konzept und die zu seiner Umsetzung notwendigen technischen und logistischen Voraussetzungen kann im Betreuungsdienst auch im Zeitalter von Catering, Partyservice und Fertiggerichten nicht verzichtet werden.

8.4.2 Beispiel Seuchengefahren

Das Auftreten neuer Krankheitserreger oder epidemische Ausbrüche bekannter Erreger haben selbst in jüngster Zeit wiederholt deutlich gemacht, dass auch zukünftig Seuchen und Epidemien eine Herausforderung darstellen, auf die sich die Einsatzdienste des Katastrophenschutzes vorbereiten müssen.

Das Gesundheitswesen wird bei Seuchen und Epidemien naturgemäß maximal gefordert sein. Die vorhandenen Ressourcen sind auf ein normales Krankheitsaufkommen und lokale Schadensereignisse zugeschnitten und werden bei großflächigen Seuchen rasch erschöpft sein. Auch für den Betreuungsdienst bedeuten diese Situationen eine Herausforderung. Unter anderem werden erhebliche Personalausfälle erwartet. Dies gilt für die eigenen Einsatzkräfte ebenso wie für die Bereiche, in denen der Betreuungsdienst unterstützend tätig sein kann. In diesem Zusammenhang bekommt die Einbeziehung von Laienhelfern aus der Bevölkerung verstärkte Bedeutung.

Eine Prognose zu geben, ob und in welchem Umfang der Betreuungsdienst in dieser Situation in seinen angestammten Tätigkeitsfeldern aktiv sein kann, fällt schwer. Die Autoren halten es für wahrscheinlicher, dass in einer solchen Extremsituation, die alle gesellschaftlichen Bereiche betrifft, die Helfer des Betreuungsdienstes zusammen mit allen anderen noch zur Verfügung stehenden Kräften des Katastrophenschutzes und der öffentlichen Gefahrenabwehr dort eingesetzt werden, wo strukturierte und organisierte Hilfe am notwendigsten gebraucht wird. Vorstellbar ist der unterstützende Einsatz im Bereich der ambulanten und stationären Pflegedienste ebenso wie der Einsatz bei der Vorbereitung und Durchführung von Massenimpfungen.

8.4.3 Beispiel Klimaveränderungen

Klimaveränderungen zeigen sich u. a. im Ausmaß extremer Wetterereignisse. So wurde beobachtet, dass Hitzeperioden und Starkniederschläge häufiger und intensiver auftreten und länger andauern. Aus den Erfahrungen der Hitzeperiode in Europa 2003 wird deutlich, dass eine Beeinträchtigung der regelmäßigen Versorgung mit Nahrungsmitteln und Wasser insbesondere für kranke und ältere Menschen dramatische Folgen haben kann. Allein in Frankreich hatte die Hitzewelle zehntausende Tote gefordert. Für den Betreuungsdienst könnte hier durch den Aufbau einer bedarfsorientierten Beschaffungs-, Transport- und Verteilungslogistik ein neues Tätigkeitsfeld entstehen, das diese Versorgungsstörungen für die Betroffenen in Kooperation mit den im Alltag betreuenden Pflegediensten abmildert.

8.5 „Offene Baustellen" im Betreuungsdienst

Es gibt einige Bereiche im Betreuungsdienst, die überprüft und ggf. ersetzt werden müssen, sowie einige, die bereits im Wandlungsprozess begriffen sind. „Offene Baustelle" ist in diesem Sinne ein positiver Begriff. Das Betreten dieser Baustellen ist erlaubt, und die Autoren laden die Mitstreiter im System des Katastrophenschutzes ausdrücklich dazu ein, diese eröffneten Baustellen weiter zu bearbeiten und das Werk auch zu vollenden.

8.5.1 Psychosoziale Notfallversorgung (PSNV)

Die vielfältigen Erfahrungen aus Einsätzen in den letzten Jahren haben dazu geführt, dass das System der Psychosozialen Notfallversorgung (PSNV) nachdrücklich weiterentwickelt wurde. Dabei gewinnt die psychosoziale Unterstützung von Betroffenen und Angehörigen gerade auch im Sanitäts- und Betreuungsdienst an Bedeutung. Psychosoziale Unterstützung sowie Einsatzmaßnahmen der medizinische Hilfe und des Betreuungsdienstes sind im Sinne einer ganzheitlichen Betrachtung des Menschen aber nicht voneinander zu trennen. Somit ist es erforderlich, Aufgabe und Organisation der PSNV für den Bereich des Betreuungsdienstes zu klären sowie Schnittstellen, Schnittmengen und Übergänge zu gestalten und abzustimmen.

Aber nicht nur die Hilfe für die Betroffenen gewinnt zunehmend an Bedeutung, sondern auch die Hilfe für die Helfer. Derzeitig formieren sich Strukturen der PSNV und Netzwerke für die Einsatzkräftefürsorge. Die Fürsorge umfasst die Maßnahmen der Prävention (vorbeugende Beratung) sowie die Nachsorge (nach dem Einsatz). Eine Aufgabe ist es, die Akzeptanz dieses Gefüges von Ansprechpartnern aus den eigenen Reihen, also aus den Einsatzkräfteformationen (Einsatzeinheiten, Rettungsdienste, Bereitschaften, Wasserwacht, Bergwacht etc.), auf allen Ebenen zu festigen.

Hinsichtlich der Versorgung der Einsatzkräfte muss noch deutlicher als bisher herausgestellt werden, dass Fürsorge für die Helfer zu den Führungsgrundsätzen im Katastrophenschutz gehört und somit eine Führungsaufgabe ist. Im Bereich der präventiven und einsatzbegleitenden Maßnahmen ist es notwendig, den eingeschlagenen Weg der Sensibilisierung der Führungskräfte für dieses Thema fortzusetzen und die Bemühungen um die präventiven Maßnahmen und Angebote zu intensivieren. Die Sorge um Einsatzkräfte muss künftig deutlich stärker als bisher ein fester Bestandteil der Aus- und Fortbildung sowie der Führungskultur im Katastrophenschutz sein.

8.5.2 Mitwirkung bei der Personendekontamination

Einige der bekannteren Einsatzkonzepte und Fachveröffentlichungen zum Thema „Dekontamination von Personen“ stufen eine kontaminierte, aber physisch unverletzte Person als „verletzt“ ein. Beispielsweise werden nach dem

ABC-Schutz-Konzept NRW „Verletzten-Dekontaminationsplatz 50 NRW“ (V-Dekon 50 NRW), Ausgabe März 2008, alle betroffenen Personen, die sich ungeschützt im kontaminierten Bereich aufgehalten haben, als Verletzte betrachtet, unabhängig davon, ob sie einer medizinischen Behandlung bedürfen oder nicht. Wenn diese „Verletzten“ den Dekon-Platz dekontaminiert verlassen, werden sie als „Patienten“ bezeichnet.

Folgerichtig werden nach diesem NRW-Konzept auch alle „Verletzten“ an einen Behandlungsplatz weitergeleitet. Damit wäre in NRW eigentlich keine Indikation für den Einsatz eines Betreuungsplatzes in einer CBRN-Lage gegeben. Bei der Dekontamination von Personen unterscheidet man indes prinzipiell zwischen Selbst- oder Eigendekontamination, Dekontamination von Betroffenen (Bevölkerung), Dekontamination Verletzter und Dekontamination von Einsatzkräften. Die Autoren fordern daher ein Einsatzkonzept für den Betreuungsdienst, das im Anschluss an die Dekontamination unverletzter Personen deren Betreuung beschreibt und die notwendigen Schnittstellen zu den Einsatzmaßnahmen der Dekontaminationsplätze definiert.

8.5.3 Unterkunftsmanagement für Einsatzkräfte (Versorgungsstellen und Versorgungsplätze)

In den vergangenen Jahren wurden verschiedentlich Einsatzkonzepte der überörtlichen Hilfe entwickelt. Es handelte sich dabei überwiegend um Konzepte, die eine Aufgabe oder Leistung, dafür in Ansatz gebrachte Ausstattung und Personal sowie eine dazu als notwendig erachtete Struktur beschreiben. Nicht zuletzt die Einsätze anlässlich der Elbeflut im Jahr 2013 haben jedoch gezeigt, dass bei einem längeren Verbleib von Einsatz- oder Reservekräften in standortfernen Bereitstellungsräumen ein Unterkunfts- und Versorgungsmanagement für Einsatzkräfte notwendig ist. Aus diesen Erfahrungen heraus entstehen Einsatzkonzepte der Versorgungsstellen und Versorgungsplätze für Einsatzkräfte, die das Ziel verfolgen, die körperliche und geistige Leistungsfähigkeit der Einsatzkräfte zu erhalten und sie mit allen notwendigen Gütern des täglichen Bedarfs zu versorgen. Hierzu zählen u. a. eine gute ausgewogene Ernährung, das Vorhalten geeigneter Wechsel-Einsatzbekleidung sowie angepasster sanitärer und hygienischer Reinigungsmöglichkeiten und nicht zuletzt Freizeitangebote, die einen Ausgleich zu den Tätigkeiten der Einsatzkräfte in der Hilfeleistung schaffen.

Der in diesem SEGmente-Band beschriebene Betreuungsplatz ist zwar primär für die Unterbringung, Betreuung und Verpflegung von unverletzten Betroffenen vorgesehen; die Leistungen des Betreuungsdienstes und speziell eines Betreuungsplatzes können jedoch ohne Weiteres das Anforderungsprofil für die Bewirtschaftung einer Einsatzkräfte-Unterkunft erfüllen. Somit kann diese Aufgabe sehr gut auf den Betreuungsdienst übertragen werden. Alle Funktionsbereiche eines Betreuungsplatzes (Registrierung und Information, medizinische Versorgung, soziale Betreuung inkl. Unterkunft, Verpflegung und Technik) sind sowohl auf die Betreuung Betroffener als auch auf die Versorgung von Einsatzkräften anwendbar.

Der Betreuungsdienst kann damit einen wertvollen Beitrag zur Durchhaltefähigkeit der Einsatzkräfte und damit zur Erreichung der Gesamteinsatzziele bei länger andauernden Einsatzlagen leisten.

8.5.4 Pflege von besonders Hilfsbedürftigen

Zwei Entwicklungen der zurückliegenden Jahre haben den Akteuren im Bevölkerungsschutz neue Schwachstellen bei der Planung und Ausgestaltung von Hilfeleistungsmaßnahmen aufgezeigt: der demografische Wandel und die Altersstruktur der Gesellschaft sowie die hohe Anzahl ankommender Flüchtlinge.

Der Altersdurchschnitt der Bundesbürger wird zunehmend höher. Immer seltener leben Menschen in einer generationenübergreifenden Haus- oder Wohngemeinschaft. Als unmittelbare Folge sind in Betreuungslagen zunehmend ältere und besonders hilfsbedürftige (pflegebedürftige) Menschen zu betreuen. Viele dieser pflegebedürftigen Menschen leben alleine, werden zu Hause versorgt oder sind auf ambulante Pflege angewiesen. Aber auch die zunehmende Anzahl an Pflege- und Seniorenheimen stellt bei großräumigen Evakuierungslagen eine Herausforderung dar, wenn die Bewohner solcher Einrichtungen kurzfristig organisiert verlegt und von den Einsatzkräften vorübergehend versorgt werden müssen.

Die hohe Anzahl von ankommenden Flüchtlingen aus dem Nahen bzw. Mittleren Osten und Afrika ist nicht nur für den öffentlichen Sektor eine organisatorische Herausforderung, sondern auch für die Hilfsorganisationen und deren Helfer. Das Angebot der Hilfeleistungen muss über die klassische soziale Betreuung hinaus deutlich erweitert werden. Hierzu zählen Fähigkeiten und Fertigkeiten rund um die besondere Verpflegung der Hilfsbedürftigen sowie die Einbeziehung der religiösen und kulturellen Bedürfnisse. Nicht zuletzt sind die physischen und psychischen Belastungen zu berücksichtigen, denen die Flüchtlinge auf ihrer Reise aus den Heimatländern in die Aufnahmeländer ausgesetzt waren. Hierzu zählen mitunter Hunger, Ängste, gefährliche Transportwege, fremde Kulturen und behördliche Auflagen.

Die Ausbildung und Ausstattung der Einsatzkräfte muss entsprechend angepasst werden, um diesen neuen Herausforderungen durch eine adäquate Hilfeleistung begegnen zu können. Zusätzlich bedarf es auch einer hohen Flexibilität und Vernetzung aller beteiligten Akteure, um alle einschlägigen Aufgabenfelder eines komplexen Hilfeleistungssystems zum Wohle der Hilfsbedürftigen aktivieren und einsetzen zu können. Das Deutsche Rote Kreuz hat dazu bereits im Jahr 2006 ein grundlegendes strategisches Konzept als Basis für die Mitwirkung seiner Gliederungen und Einrichtungen im Bevölkerungsschutz vorgelegt, dass hierfür eine wertvolle Orientierung bieten kann.

8.6 Resümee

Aufgrund der Bevölkerungsentwicklung sowie der zu erwartenden Situation im Gesundheitswesen wird mit der Vernetzung und Zusammenarbeit zwischen dem Betreuungsdienst und den professionellen medizinisch-sozialen Arbeitsfeldern bei Eintritt eines Schadensereignisses oder einer Gefahrenlage ein neues Aufgabenfeld erwachsen. Auf diese zusätzlichen Aufgaben und Anforderungen sollte sich der Betreuungsdienst durch Schaffung geeigneter Strukturen, Anpassung der Ausstattung sowie der Schulung seiner Helfer und Führungskräfte einstellen.

Die Fähigkeit, auch bei beeinträchtigter oder zerstörter Infrastruktur Verpflegung in größerem Umfang zuzubereiten und die dazu notwendigen Lebensmittel und Erzeugnisse zu beschaffen, sollte im Betreuungsdienst flächendeckend vorhanden sein. Hier ist u. a. die Entwicklung eines modernen Ausstattungskonzepts erforderlich, das es dem Betreuungsdienst ermöglicht, ein hoch flexibles, autark einsatzfähiges und zugleich technisch wenig anfälliges Verpflegungssystem zu unterhalten. Hinzu kommt, dass der Betreuungsdienst die Aufgabe der Bedarfsermittlung und Verteilung von Speisen, Getränken und anderen lebenswichtigen Erzeugnissen bei Hitzeperioden übernehmen könnte.

In diesem und auch anderen Tätigkeitsfeldern des Betreuungsdienstes wird es aufgrund der mangelnden Verfügbarkeit von Fachhelfern mehr und mehr darauf ankommen, Hilfswillige aus der Bevölkerung in betreuungsdienstliche Maßnahmen einzubinden und diese bei den Hilfeleistungen anzuleiten. Hierfür müssen zum einen Konzepte zur Einbindung der Bevölkerung in die Hilfeleistung entwickelt und zum anderen Führungskräfte und Helfer des Betreuungsdienstes entsprechend qualifiziert werden.

Schließlich ist es aus Sicht der Autoren zwingend notwendig, die Fachkräfte der Psychosozialen Notfallversorgung (PSNV) strukturell und organisatorisch in die Hilfeleistung des Betreuungsdienstes einzubinden und dort, wo es möglich ist, zu integrieren. Möglichst allen Helfern des Katastrophenschutzes und des Rettungsdienstes und zwingend allen Helfern des Betreuungsdienstes sollte durch entsprechende Schulungsmaßnahmen eine Basiskompetenz im Umgang mit Betroffenen vermittelt werden. Jeder Helfer im Betreuungsdienst sollte in der Lage sein festzustellen, ob der zu Betreuende einer weiteren, qualifizierten Notfallnachsorge bedarf.

Allgemein und nicht nur spezifisch im Betreuungsdienst wird es im Rahmen der Katastrophenvorsorge darauf ankommen, die Selbsthilfefähigkeit der Bevölkerung durch gezielte Maßnahmen und Kampagnen zu unterstützen.

Anhang

Begriffe

AGBF NRW Sie ist eine von 16 Landesgruppen der AGBF Bund. In dieser Arbeitsgemeinschaft erörtern Arbeitskreise technische, organisatorische, einsatztaktische und soziale Themen. Ziel der Arbeitsgemeinschaft ist es, eine einheitliche Umsetzung rechtlicher Vorschriften und taktischer Standards in Deutschland zu erreichen, um so eine überregional funktionierende Gefahrenabwehr gewährleisten zu können.

Betreuungszug (BZ) Ehemals die Standardeinheit des Betreuungsdienstes. Ist in dieser Form noch immer Teil des Katastrophenschutzes einiger Länder. Seine genaue Stärke und Ausstattung ist abhängig von landesspezifischen Bestimmungen. Im Allgemeinen ist im Stärke- und Ausstattungsnachweis (STAN) eine Zahl von 28 bis 35 Helfern festgelegt. Ein Betreuungszug gliedert sich entsprechend seinen Aufgaben in mehrere Teileinheiten, je nach landesspezifischem STAN beispielsweise in einen Zugtrupp als Führungseinheit, einen Verpflegungstrupp oder eine Verpflegungsgruppe sowie eine oder mehrere Unterkunftsgruppen und Gruppen für soziale Betreuung, oft auch in gemeinsamen Einheiten als Gruppe Soziale Betreuung/Unterkunft oder Betreuungsgruppe.

Betroffener Eine Person, die durch ein Schadensereignis bedroht wird oder geschädigt wurde, ohne verletzt zu sein.

Einsatzabschnittsleitung (EAL) Sie besteht aus dem Einsatzabschnittsleiter, den Führungsassistenten und Führungsgehilfen sowie notwendigen Führungsmitteln. Der EAL ist die für die technisch-taktische Einsatzdurchführung in einem Einsatzabschnitt verantwortliche Führungskraft.

Einsatzeinheit (EE) Eine taktische Einheit in Zugstärke für Einsätze im Sanitäts- und/oder Betreuungsdienst. Sie besteht aus Führungstrupp (Zugtrupp), Sanitätsgruppe, Betreuungsgruppe sowie einem Trupp Technik und Sicherheit. Das Konzept der EE wurde 1992 vom DRK entwickelt.

Einsatzeinheit NRW (EE NRW) Eine seit 1996 in Nordrhein-Westfalen flächendeckend eingeführte kombinierte Einheit des Sanitäts- und Betreuungsdienstes. Das ehrenamtliche Personal wird von den anerkannten Hilfsorganisationen ASB, DRK, JUH und MHD gestellt und ausgebildet, das Material und die Fahrzeuge werden aus einheitlich festgelegten Komponenten des Bundes, des Landes NRW und der mitwirkenden Hilfsorganisationen zusammengeführt.

Einsatzleiter (ELtr) Die für die technisch-taktische Einsatzdurchführung gesamtverantwortliche Führungskraft.

Einsatztagebuch (ETB) Nachweis über die Tätigkeit der Einsatzleitung. Im ETB ist der Einsatzablauf in zeitlicher Folge aufzuzeichnen. Zu den Inhalten zählen Ergebnisse der Lagefeststellungen, erhaltene und erteilte Befehle, besondere Vorkommnisse und Erkenntnisse, Beurteilungen und Entschlüsse.

Einsatzwert Gibt die konkrete Leistungsfähigkeit von Einheiten/Teileinheiten oder Einrichtungen zur Erfüllung eines bestimmten Auftrags an.

Einsatzwertermittlung Maßnahme zur Erkundung und Auswertung der Elemente des Einsatzwertes mit dem Ziel der Feststellung des Einsatzwertes.

Erkundung (Erk) Erste Phase des Führungsvorgangs. Sie ist die Grundlage für die Entscheidungsfindung und umfasst das Sammeln und Aufbereiten der erreichbaren Informationen über Art und Umfang der Gefahrenlage/des Schadensereignisses sowie über die Dringlichkeit und Möglichkeit einer Abwehr und Beseitigung vorhandener Gefahren und Schäden (DV 100).

Erkundungskiste Betreuungsplatz (ErkK-BTP) Ein im DRK-Landesverband Nordrhein standardisiertes Führungsmittel zur Erkundung und Auswertung einer Liegenschaft. Ziel ist die flächendeckende Vorhaltung erkundeter Liegenschaften zur Umsetzung des Konzepts „Betreuungsplatz-Bereitschaft 500 NRW“.

Evakuierung Organisierte Verlegung von Menschen aus einem akut gefährdeten in ein sicheres Gebiet. Dort werden sie vorübergehend untergebracht, verpflegt und betreut.

Evakuierungsplan Beschreibt die Maßnahmen der örtlich zuständigen Behörde zur Vorbereitung und Durchführung einer Evakuierung und der hierzu benötigten Kräfte und Hilfsmittel. Es wird unterschieden zwischen allgemeinen Evakuierungsplänen, die Angaben über die wesentlichen Maßnahmen enthalten, und besonderen Evakuierungsplänen, die für besondere Gefahrenobjekte oder für bestimmte Gefahrenlagen erstellt werden.

Feldkochherd (FKH) Anhänger, auf dem eine Feldküche montiert ist, die aus einem oder mehreren integrierten Kesseln und einer Feuerstelle besteht. Er spielt im Katastrophenschutz eine wichtige Rolle bei der mobilen Verpflegungszubereitung. Zum Einsatz kann er in einem Küchenzelt vor Witterungseinflüssen geschützt untergebracht werden. Auch Feldküche genannt.

Führungsvorgang/-kreislauf Zielgerichteter, in sich geschlossener Denk- und Handlungsablauf. Er vollzieht sich auf allen Ebenen und in allen Bereichen und besteht aus den Elementen Lagefeststellung (Erkundung/Kontrolle), Planung mit Beurteilung der Lage und Entschluss sowie der Befehlsgebung.

HACCP Hazard Analysis and Critical Control Point, zu deutsch: Gefahrenanalyse kritischer Kontrollpunkte. Ein vorbeugendes System, das die Sicherheit von Lebensmitteln und Verbrauchern gewährleisten soll. Entwickelt 1959 im Auftrag der NASA wurde das HACCP-Konzept erstmals im deutschen Recht mit der Lebensmittelhygiene-Verordnung von 1998 verankert. Die EG-Verordnung 852/2004 sieht die Anwendung des HACCP-Konzepts verpflichtend vor in allen Unternehmen, die mit der Produktion, der Verarbeitung und dem Vertrieb von Lebensmitteln beschäftigt sind.

Hauptverwaltungsbeamter (HVB) Ein in manchen Bundesländern verwendeter Begriff für die Verwaltungsspitze eines Kreises, einer kreisfreien Stadt oder einer kreisangehörigen Stadt, Gemeinde oder einer anderen Verwaltungseinheit.

Hilfeleistung Aktive Unterstützung, die einer Person, einer Organisation, einer Gemeinschaft oder einem Land nach einem Schadensereignis gewährt wird.

Hilfsorganisationen (HiOrg) Öffentlich oder privatrechtlich organisierte Personenvereinigungen, die sich zur Mitwirkung im Zivil- und Katastrophenschutz verpflichtet haben. Öffentliche KatS-Organisationen: Feuerwehr und THW. Private KatS-Organisationen: Arbeiter-Samariter-Bund, Deutsche Lebens-Rettungs-Gesellschaft, Deutsches Rotes Kreuz, Johanniter-Unfall-Hilfe, Malteser Hilfsdienst.

Infektionsschutzgesetz (IfSG) Ein Bundesgesetz, das seit dem 1. Januar 2001 die Verhütung und Bekämpfung von Infektionskrankheiten beim Menschen regelt. Zudem werden die Gesundheitsanforderungen beim Umgang mit Lebensmitteln festgelegt (Abschnitt 8). Es handelt sich um ein Nachfolgegesetz zum ehemaligen Bundesseuchengesetz.

Kritische Infrastrukturen (KRITIS) Institutionen und Einrichtungen mit wichtiger Bedeutung für das staatliche Gemeinwesen, bei deren Ausfall oder Beeinträchtigung nachhaltig wirkende Versorgungsengpässe, erhebliche Störungen der öffentlichen Sicherheit oder andere dramatische Folgen eintreten würden (z. B. Stromzulieferung, Ver- und Entsorgung, Kommunikation, Informationstechnik, Sicherheit, Transport und Verkehr, Finanzdienstleistungen).

Lebensmittelhygiene-Verordnung (LMHV) Eine Rechtsverordnung des Bundes aus dem Jahr 2007, die festlegt, dass jeder Betrieb, der Lebensmittel herstellt, verarbeitet oder in Verkehr bringt, verpflichtet ist, im Prozessablauf die für die Lebensmittelsicherheit kritischen Arbeitsstufen zu ermitteln, konsequent zu überwachen und zu dokumentieren sowie angemessene Sicherheitsmaßnahmen festzulegen (s. HACCP).

Liegenschaft Ein Grundstück inklusive darauf befindlicher Gebäude und deren Ausstattung.

Maslow, Abraham US-amerikanischer Psychologe. Er gilt als der wichtigste Gründervater der Humanistischen Psychologie, die als sogenannte Dritte Kraft zwischen krankheitsorientierter Psychoanalyse und behavioristischer Verhaltenstheorie eine Psychologie seelischer Gesundheit anstrebte und die menschliche Selbstverwirklichung untersuchte. Er ist insbesondere durch sein Entwicklungsmodell der Hierarchie menschlicher Bedürfnisse, der Maslow'schen Bedürfnispyramide, bekannt geworden.

Patientenablage (PA) Eine Stelle an der Grenze des Gefahrenbereichs, an der Verletzte oder Erkrankte gesammelt und soweit möglich erstversorgt werden. Dort werden sie dem Rettungsdienst zum Transport an einen Behandlungsplatz oder weiterführende medizinische Versorgungseinrichtungen übergeben. Alter Begriff: Verletztenablage.

Personenauskunftsstelle (PASt) Eine Einrichtung der zuständigen Katastrophenschutzbehörde, die bei Katastrophen und größeren Schadenslagen oder präventiv bei Großveranstaltungen und Großeinsätzen eingerichtet und betrieben wird. Sie sammelt Meldungen und Anfragen über den Verbleib von Personen und erteilt Auskünfte zum Verbleib Betroffener an berechtigte Personen. Darüber hinaus arbeitet sie mit der Polizei und anderen beteiligten Behörden im Sinne der Schicksalsklärung von Verletzten und Betroffenen zusammen.

(Personen-)Räumung Das ungeplante und kurzfristige Verlassen eines Gebietes bei akuter Gefahr.

Psychosoziale Notfallversorgung (PSNV) Oberbegriff für alle psychosozialen Versorgungsangebote für Opfer, Angehörige, Hinterbliebene, Augenzeugen und Einsatzkräfte bei Notfällen und Katastrophen (z. B. Notfallseelsorge, Kriseninterventionsteam, Notfallpsychologie, Einsatznachsorge, Seelsorge in Feuerwehr).

Psychosoziale Unterstützung (PSU) Bestandteil der Psychosozialen Notfallversorgung. Bezeichnet das konkrete Handeln und die Interventionen zur psychosozialen Unterstützung für von Notfällen Betroffene.

Schadensgebiet Ein in sich geschlossener größerer Raum, in dem sich mehrere Einsatzstellen befinden können oder dem mehrere Einsatzräume zugewiesen sind (DV 100).

Sichtung Ärztliche Beurteilung und Entscheidung (Triage) über die Priorität der Versorgung von Patienten hinsichtlich Art und Umfang der Behandlung sowie Zeitpunkt, Art und Ziel des Transports.

Soforthilfe Hilfe innerhalb der ersten 12 bis 24 Stunden nach einem bzw. während eines Schadensereignisses. Hierbei können nur die notwendigsten physiologischen Bedürfnisse der Betroffenen erfüllt werden. Zu den Aufgaben der Soforthilfe gehört es, die betroffenen Personen zu sammeln, an einer Stelle zusammenzuführen, Bedürfnisse der Betroffenen festzustellen und erkannte Probleme zu lösen. Der Betreuungsdienst arbeitet in der Soforthilfe nach Standards, die nicht der optimierten Individualhilfe dienen können, sondern möglichst vielen Personen gleichmäßig Versorgung bringen sollen. Für die Aufgaben der „Psychischen Ersten Hilfe" arbeiten die Einsatzkräfte des Betreuungsdienstes mit speziell ausgebildeten Kräften der Psychosozialen Notfallversorgung (s. dort) zusammen.

Technische Hilfeleistung (TH / THL) Alle Maßnahmen zur Abwehr von Gefahren für Leben, Gesundheit und Sachen, die aus Explosionen, Überschwemmungen, Unfällen und ähnlichen Ereignissen entstehen.

Übergangshilfe Längerfristige Unterbringung und Versorgung Betroffener insbesondere nach Evakuierungen. Bei der Übergangshilfe sind möglichst Standards anzusetzen, die sich einer üblichen Lebensführung annähern. Bei einer möglichen Dauer von Tagen und Wochen stellt sich die Notwendigkeit, Betroffene ihren Bedürfnissen entsprechend unterzubringen und zu versorgen. Bei einer Evakuierung, die länger als einen Tag andauert, ist immer Übergangshilfe erforderlich. Einrichtungen der Übergangshilfe sind insbesondere Notunterkünfte. Diese werden dabei – im Gegensatz zur Soforthilfe – nicht schon während ihres Aufbaus in Betrieb genommen, sondern erst nach ihrer Fertigstellung. Dabei werden auch in der Übergangshilfe Anlaufstellen und Sammelplätze/Betreuungsstellen genutzt, um den Strom der Betroffenen bis hin zur Notunterkunft zu kanalisieren.

Verwaltungseinheiten Gebiete, die sich aus der Aufteilung eines Staatsgebietes in Zuständigkeitsbereiche ergeben. Jedes Gebiet, für das innerhalb der öffentlichen Verwaltung Zuständigkeiten für die nicht-polizeiliche Gefahrenabwehr und/oder den Katastrophenschutz definiert wurden, kann als eine separate Verwaltungseinheit angesehen werden.

Taktische Zeichen

Taktische Zeichen werden bei der Polizei, der Feuerwehr und im Katastrophenschutz u. a. zur symbolischen Darstellung von Einheiten, Stellen, Personen, Fahrzeugen und Schäden auf Lagekarten/Einsatzplänen verwendet. Taktische Einsatzformationen des Betreuungsdienstes sollten in ihren Führungsstellen mit einer beschreibbaren Magnettafel (Whiteboard) ausgestattet sein, auf der mithilfe von vorgefertigten magnetischen Zeichen und Stiften eine ständig aktualisierbare Lagekarte geführt wird. Nachfolgend eine Auswahl von taktischen Zeichen für den Bereich des Betreuungseinsatzes.

Stellen und Plätze	
	Anlaufstelle
	Betreuungsstelle, nicht ortsgebunden (alter Begriff: Sammelplatz für Betroffene)
	Betreuungsplatz 500
	Gebäude
	(Not-)Unterkunft für Betroffene
Formationen und Einheiten	
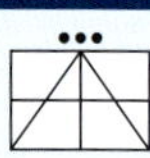	Einsatzeinheit
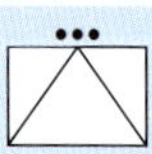	Betreuungszug

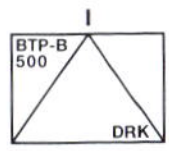	Betreuungsplatz-Bereitschaft 500 des Deutschen Roten Kreuzes (in NRW)
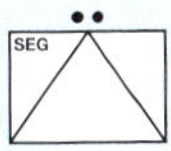	SEG Betreuung in Gruppenstärke
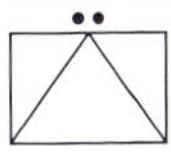	Betreuungsgruppe
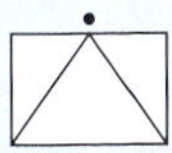	Betreuungstrupp
	Betreuungstrupp soziale Betreuung
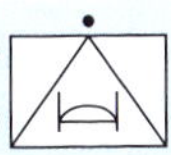	Betreuungstrupp Unterkunft
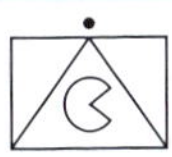	Betreuungstrupp Verpflegung

Personen

	Verbandsführer
	Zugführer einer Einsatzeinheit
	Stv. Zugführer einer Einsatzeinheit
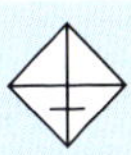	Arzt
	Gruppenführer Betreuung
	Truppführer Betreuung

	Truppführer Verpflegung
	Helfer Betreuung
	Fachkraft PSNV
	Helfer Verpflegung
	Helfer Sanitätsdienst
	Helfer Technik und Sicherheit
	Helfer Information und Kommunikation
	(unverletzte, betroffene) Person

Fahrzeuge

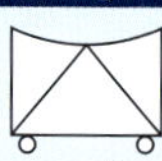	Fahrzeug Betreuungsdienst
	Anhänger Betreuung
	Anhänger Technik und Sicherheit
	Anhänger Feldkochherd

Piktogramme

Für die Aufbereitung von Flucht- und Rettungsplänen nach DIN ISO 23601 müssen zur grafischen Darstellung Piktogramme verwendet werden, die in der DIN EN ISO 7010 beschrieben sind. Für das Lesen eines Flucht- und Rettungsplans im Rahmen der Erkundung einer Liegenschaft ist die Kenntnis dieser Symbole von Bedeutung. Wichtige brandschutztechnische Gegebenheiten vor Ort sind bei der Einsatzplanung des Betreuungsdienstes entsprechend zu berücksichtigen, und es ist darauf zu achten, dass Brandschutzeinrichtungen nicht blockiert werden.

Symbol in Blau	
	Standort
Symbole in Grün	
	Richtungsangabe für Erste-Hilfe-Einrichtungen, Rettungswege, Notausgänge
	Richtungsangabe für Erste-Hilfe-Einrichtungen, Rettungswege, Notausgänge
	Erste Hilfe
	Krankentrage
	Notdusche
	Augenspüleinrichtung

	Notruftelefon
	Arzt
	Rettungsweg, Notausgang
	Sammelstelle
	Defibrillator
Symbole in Rot	
	Richtungsangabe
	Richtungsangabe
	Löschschlauch
	Leiter
	Feuerlöscher
	Brandmeldetelefon
	Mittel und Geräte zur Brandbekämpfung
	Brandmelder (manuell)

Literatur

AFKzV (2003) FwDV 100. Führung und Leitung im Einsatz. Führungssystem (Reihe „Feuerwehrdienstvorschriften" Bd. 100). Kohlhammer, Stuttgart.

Arbeitsgemeinschaft der Leiter der Berufsfeuerwehren in Nordrhein-Westfalen, Arbeitskreis Zivil- und Katastrophenschutz, Projektgruppe Betreuung (2008) Planungsgrundlagen zur Dimensionierung des Betreuungsdienstes.

Reichenbach G, Wolff H, Göbel R et al. (Hrsg.) (2008) Grünbuch des Zukunftsforums Öffentliche Sicherheit. Risiken und Herausforderungen für die öffentliche Sicherheit in Deutschland. Szenarien und Leitfragen, ProPress, Behörden Spiegel-Gruppe, Berlin, Bonn.

Land Nordrhein-Westfalen (1998) Gesetz über den Feuerschutz und die Hilfeleistung (FSHG) vom 10. Februar 1998.

Land Nordrhein-Westfalen (2006) Konzept Betreuungsplatz-Bereitschaft 500 NRW (BTP-B 500 NRW), Stand 7. November 2006.

Land Nordrhein-Westfalen (2013) Landeskonzept der überörtlichen Hilfe NRW „Sanitätsdienst und Betreuungsdienst", Ausgabe 1. Juli 2013.

Land Nordrhein-Westfalen (1980) Neufassung des Gesetzes über Aufbau und Befugnisse der Ordnungsbehörden – Ordnungsbehördengesetz (OBG) vom 13. Mai 1980.

Peter H (Hrsg.) (2001) Der Betreuungseinsatz. Grundlagen und Praxis, 2. Aufl., Stumpf + Kossendey, Edewecht.

Ständige Konferenz für Katastrophenvorsorge und Bevölkerungsschutz (Hrsg.) (2012) Empfehlungen für Taktische Zeichen im Bevölkerungsschutz, 2. Aufl.

Ständige Konferenz für Katastrophenvorsorge und Katastrophenschutz (Hrsg.) (2006) Wörterbuch für Bevölkerungsschutz und Katastrophenhilfe, 2. Aufl.

Deutsches Rotes Kreuz (Hrsg.) (2006) „Das Komplexe Hilfeleistungssystem" – Strategisches Konzept zur Mitwirkung des Deutschen Roten Kreuzes im Bevölkerungsschutz.

Abbildungsnachweis

Titelbild (Hintergrund): E. Hansen, Alsdorf

Jens Pesch/DRK Nordrhein: Abb. 9, Abb. 18 – 20

Jens Pesch/Wilfried Rheinfelder: Abb. 15a – 15b

Stefan Scharf/DRK Oberbergischer Kreis: Abb. 7 – 8

Alle Grafiken: Jens Pesch/Wilfried Rheinfelder